G

6674

TABLEAU

NOMINAL ET HISTORIQUE ABRÉGÉ

DE LA PERTE

DES VAISSEAUX DE GUERRE

DE TOUTE SORTE DECONSTRUCTION ET DE FORCE,

QUE

LES PUISSANCES MARITIMES

DE L'EUROPE ONT SOUFFERTE

DEPUIS

1788 JUSQU'EN 1806.

RÉDIGÉ

PAR

JEAN DE SEIP,

ANCIEN MAJOR DE CAVALERIE AU SERVICE DE RUSSIE, CHEVALIER DE
l'ORDRE DE ST. VLADIMIR.

ST. PETERSBOURG,

IMPRIMÉ CHEZ M. C. IVERSEN.

1806.

A SA

MAJESTÉ IMPÉRIALE

ALEXANDRE I.

EMPEREUR ET AUTOCRATEUR

DE TOUTES LES RUSSIES.

J'ose prendre la respectueuse liberté de mettre à la tête de cet ouvrage, le Nom auguste de VOTRE MAIESTÉ IMPÉRIALE. L'objet intèressant que j'y expose, a fait pendant plusieurs années mon occupation favorite.

Daignez, SIRE, agréer ce foible hommage d'un ancien militaire, dont l'attachement au trône des Césars de la Russie fut toujours sans borne, comme

celui qu'il porte à Votre Auguste Personne
La clémence, qui fait la base de Votre sublime
Caractère, et qui Vous a mérité à si juste titre le
surnom du Titus moderne, me fait espérer que Vous
n'en repousserez point les expressions.

Je suis avec le plus profond respect,

SIRE,

DE VOTRE MAJESTÉ IMPÉRIALE

le très-humble, très-dévoué Serviteur
et très-fidèle Sujet
JEAN DE SEIP.

INTRODUCTION*)

Dans un moment, où l'attention de l'Europe et du monde entier est fixée sur les progrès rapides des forces de la France; dans un moment, où le chef de cette nation paroit vouloir attaquer l'Angleterre, son éternelle et implacable ennemie, par son plus sensible endroit, en détruisant son commerce, en fermant à cette puiſsance tous les ports de Mer, qui se trouvent sous sa domination, ou sous celle des nations, qui lui sont attachées par le systéme fédératif; — en s'efforçant de paralyser l'industrie Britannique par tous les moyens poſsibles; — dans un moment pareil, dis-je, un coup d'Oeil jeté sur les avantages et les pertes, qu'ont eſsuyées les puiſsances maritimes, qui se trouvent engagées dans cette grande lutte contre la Grande-Bretagne, ne peut être qu'intéreſsant.

---

*) Cette diſsertation se trouve en original, c. à. d. en langue allemande, dans un Journal cornu avantageuſement du public, et intitulé: St. Petersburgische Monatsschrift zur Unterhaltung und Belehrung, dont Mr. Schroeder, Bibliothécaire de S. A. I. Monseigneur le Grand-Duc Constantin, est le Rédacteur. Comme elle a été jugée et accueillie selon son mérite, nous n'avons point hésité de la traduire en françois, pour l'ajouter à cet ouvrage. Mr. Schroeder lui-même, est l'Auteur de cette pièce intéressante.

Durant cette époque mémorable, l'Angleterre resta religieusement attachée à son Système politique, tandis qu'au contraire la France courut plusieurs chances, et fut conduite par différentes formes de Gouvernement, absolument dépendantes de la volonté ou de l'intérêt personnel de ses meneurs, qui la firent passer d'une monarchie limitée par des loix, à l'Anarchie, et même au despotisme le plus révoltant.

L'humanité entière est intéressée à cette grande question: qui restera le Vainqueur? et de quel côté pencheront les avantages les plus réels pour le bonheur général et pour le bien — être des nations en particulier?

Est-il bon, est-il désirable pour le bien de l'humanité et des Etats, que la Grande-Bretagne, après cette lutte reste m a i t r e f s e d e s m e r s? que ses Pavillons dominent sur l'Océan, qu'elle s'approprie le monopole du Commerce du monde, qu'elle tienne par là et les pays et les peuples dans une dépendance absolue? que les trésors des autres Nations s'écoulent dans les mains des Anglois, et que tout le numéraire s'accumule dans les Isles de la Grande-Bretagne?

Est-il bon, est-il avantageux pour le bien - être de l'humanité et des Etats, que le Chef actuel de la nation françoise étende sa domination sur tout le Continent — qu'il terrafse les petits Etats — qu'il dispose arbitrairement des Princes et des Trônes — qu'il force des peuples libres et dépendans à reconnoître s e s loix et s e s Souverains — qu'il ruïne les pays par des contributions énormes, et réduise par là des millions d'habitans au désespoir — des pays qui ne s'immiscèrent point dans la grande lutte, mais qui tranquilles et tremblans, observoient en simples spectateurs l'issue des combats de ses Armées formidables?

Est-il juste, est-il avantageux pour le salut de l'humanité et pour le bien des Etats, que Bonaparte tienne sur pied des troupes, dont le nombre a été inouï jusqu'à présent — qu'il force par là les autres puifsances à en faire autant, pour mettre des bornes à ses volontés, et un frein à son pouvoir toujours croifsant; qu'il enlève à l'Agriculture, aux fabriques et aux manufactures, aux Arts, enfans de la paix, des millions de bras utiles, et qu'il occasionne enfin par ce motif, dans les objets de première nécefsité, une cherté dontchaque Citoyen ressent déja le poids, et qui devient de jour en jour plus insupportable ? — C'est-là, sans Contredit, une des principales et des plus justes inculpations, dont ce grand Général reste chargé, et qui le rend responsable au Tribunal impartial de la postérité.

Tandis que les trésors des deux Indes s'accumulent en Angleterre, et que probablement sous peu l'or du Mexique et du Pérou coulera dans le trésor du Gouvernement Britannique: les richesses de l'Allemagne et de l'Italie vont se perdre dans la France; — cependant, à cette différence près, que ceux-là ne sont point humectés des larmes des malheureux, aux quels ils furent extorqués.

Une partie des trésors Anglois retournent aux autres Etats Commercans de l'Europe par son Commerce: Ce que la France a englouti, y reste pour jamais.

L'industrie Angloise nous fournit des articles de fabrication, également utiles et nécessaires; la France au contraire ne nous donne que de la quincaillerie et des modes, et se moque par-dessus cela de notre vanité avec une suffisance insupportable. Quel que pesant que soit tout despotisme, il est certain que celui de la France est le plus révoltant: — Révoltant par la manière dont il est exercé — par son langage arbitraire et arrogant — par le dédain et le mépris, avec le quel elle traite les autres grandes puissances et même ses amis, qu'elle force de] recevoir et 'ses préfets et ses armées, sous le vain prétexte de les prendre sous sa protection spéciale, et retient les habitans de ces pays dans l'inactivité et la dépendance la plus servile.

Enfin, que peut-on espérer, que peut-on attendre d'un homme, qui affecte de ne parler que de la Sainteté, de la foi des traités — qui ne fait que la prêcher, qui punit les Souverains, les quels, selon sa façon de parler, ont violé cette foi; et à qui rien au monde n'est sacré, sans en excepter la Divinité même? —

Par les tabelles suivantes, le lecteur est mis à même de voir quels grands avantages, quel énorme accroissement cette longue lutte a procurés à la marine Angloise. Il est vrai qu'il manque à la Grande — Bretagne une population de 50 à 60 millions d'hommes, pour monter toutes ses forteresses flottantes; mais elle possède de l'or, et elle a du Courage.

Les sources, dans les quelles l'Auteur a puisé, étoient les rélations officielles des Gouvernemens respectifs et d'autres écrits publics, dignes de foi, qui tous garantissent l'authenticité des réfultats, qu'il présente ici au lecteur. Depuis 1733 jusqu'en 1806, il s'est occupé de cette tâche avec une attention et un zèle non-interrompu; et il se flatte de n'avoir point inutilement employé son tems.

La seule recompense qu'il ambitionne, c'est le suffrage de Son Auguste Souverain et celui du public éclairé.

DÉNOMINATION
DES
PUISSANCES RESPECTIVES.

1. La Suède.
2. La Turquie.
3. La Russie.
4. La France.
5. L'Espagne.
6. La Hollande.
7. L'Angleterre.
8. Naples.
9. Le Danemarc.

Note.

Les Vaisseaux, dont les noms sont marqués d'une étoile, se trouvent maintenant incorporés dans la Marine respective des Vainqueurs.

I.

PERTE DE LA MARINE SUÉDOISE.

Noms des Vaisseaux.	Canons.	Manière et lieu de la perte.	Année et date.
Le Prince Gustave - * monté par le Comte de Wachtmeister, Vice-Amiral, prisonnier de Guerre.	70	Les Russes le prirent à la Bataille d'Hoogland -	1788 Juin 17.
Le Gustave, Adolphe -	66	Brulé par les Russes devant le port de Swåborg	1789 Juin 10.
4 Frégates - - - *	40	Les Russes les prirent dans la baie de Swencksund	Août.24.
3 Turi - - - - *	12		
1 Uddama - - - *	10		
2 Cutters - - - *	10		
2 Flûtes - - - - *	12		
1 Yacht - - - - *	14	Les Russes les prirent dans la baie de Kymen - grad	— 30.
1 Chaloupe Canonnière *	10		
3 Transports - armés *	16		

PERTE DE LA MARINE SUÉDOISE.

Noms des Vaisseaux.	Canons.	Manière et lieu de la perte.		Année et date.
				1790
Le Prince Charles - - *	64	Les Russes le prirent à la rade de Réval - - -		May 20.
Le Ricks-Ständer - - (Les Etats du royaume.)	64	Echoua à la rade de Réval, et fut brulé par les Suédois - - -		— 25.
Vénus - - - - - *	40	Les Russes le prirent sur les Côtes de la Norwège		Juin 10.
Sophie Madeleine - *	74			
Vaisseau de Mr. Lionenancker, Contre-amiral, prisonnier de guerre -		Pris	à la	Juillet 3.
Louise Ulrique - - *	74		Bataille	
Hedwige Elisabeth - *	64		livrée	
L'Omgetten - - - *	64			
La Finlande - - - *	64	par les	prés	
L'Uplande - - - - *	54			
Le Iaroslaw, prise russe *	36		de l'Isle	
9 Cutters - - - - *	14		de	
16 Transports armés *	16	Russes		
12 Galères, montées des Cavaliers et de leurs Chevaux pour la descente.			Biorko,	Juillet 3.
L'Unité - - - - -	74	Coulés à fond,	dans la	
La Tendresse - - -	70		Baïe de	
Le Retvisan - - -	64	détruits, brû-		
Le Wasa - - -	64		Wibourg.	
Zémire - - - - -	44	lés, et sau-		
Le Postillon - - -	26			
Chaloupes Canonnières, des Iolles et d'autres batimens armés à la légère.		tés en l'air par les Russes.		

Noms des Vaisseaux.	Canon.	Manière et lieu de la perte.		Année et date.
		Pris par les Anglois.		1800.
Le Dauphin - - - -	30	Dans la mer du nord,	Escortant des Flottes marchandes de leur Nation.	Juin 19.
				1801.
Ulla Fersen - - - -	30	près du port de Lisbonne.		Mars 16
NB. Qu'ils furent rendus.				

II.

PERTE DE LA MARINE OTTOMANNE.

Noms des Vaisseaux.	Canons.	Manière et lieu de la perte.		Année et date.	
				1787.	
Un Chébeck - - - *	26			Juin 7	
Une Bombarde - - *	10	Pris par	dans les		
UneChaloupe Canonnière*	12				
Un vaisseau de Ligne, ensuite nommé leSt.Léon *	60	les	Combats		
2 Frégates de - *	30	Russes.	livrés	— 28.	
1 Kirlangitsch - - - *	16				
Le Vaisseau - - - - monté par le Capudan-Bacha; qui se retira sur sonKirlangitsch-Matelot	64		à		
		Coulés à	l'embou-		
Le Vaisseau - - - - monté par le Vice amiral, qui se retira sur un autre batiment.	64	fond,	chure de		
		sautés en	la rivière		
Le Vaisseau - - - - monté par le Contre amiral.	64	l'air, brûlés	du		
1 Vaisseau de Ligne -	60	et détruits	Dniéper	28.	
1 Vaisseau de - -	50				
3 Frégates de - -	40	par	nommée		
2 Frégates de - -	30	les			
2 Chébecks - - - -	24		le Liman		
1 Brigantin - - - -	16	Russes			
1 Kirlangitsch - - -	12		d'Oczakow		
1 Bombarde - - - -	10				
5 Galères,					
29 Canonnières de -	2				

PERTE DE LA MARINE OTTOMANNE.

Noms des Vaisseaux.	Canons.	Manière et lieu de la perte.	Année et date.
			1790
22 Canonnières de la Flottille volante - - - -	2	Brûlées et détruites à la prise du fort de Tulschi par les Russes.	Oct. 30.
2 Kirlangitschs à - -	16	Les Russes s'en emparèrent à la prise du fort et	
27 Batimens armés à la légère - - - - *	2	de la Ville d'Ischatschi sur le Danube.	Déc. 3.
4 Galères.			
			1799.
Une Frégate - - - -	36	Brûlée par accident au port de Mycoue. - - -	Fev. 12.
Une Frégate - - -	36	Brûlée par trahison des Emissaires françois au port de Constantinople	Avril 13.
			1800.
Le Vaisseau de - - - monté par Endjeah Bey Viceamiral - - - -	74	Echoua et périt près d'Aboukir sur les Côtes d'Egypte.	Juillet 16.

III.

PERTE DE LA MARINE RUSSE.

Noms des Vaisseaux.	Canons.	Manière et lieu de la perte.	Année et date.
Un Cutter - - - -	12	Il fut attaqué à l'improviste par les Turcs au Liman du Dniéper. De Sacken, Lieutenant de Marine qui le commandoit, prévoyant qu'il falloit se rendre, força l'Equipage d'abandonner le Vaisseau, mit le feu à la Ste. Barbe et sauta en l'air avec le batiment à la Vuë de la forteresse d'Oczakow.	1788. Sept. 20.

PERTE DE LA MARINE RUSSE.

Noms des Vaisseaux.	Canons.	Manière et lieu de la perte.	Année et date.
Le Jaroslaw - - - *	36	Sortis du port de Cronstadt dans la baltique, exerçant les Cadets de la Marine ; ils y rencontrèrent une Escadre Suédoise, qui les prit et les amena au port de Carlscron, avant la déclaration de la Guerre.	1788.
L'Hector - - - - *	56		
NB. Ils furent repris.			
Le Wladislaw - - - *	70	Pris par les Suédois à la bataille de Hoogland.	May 17.
L'Alexandre - - - *	64	Jeté par une tempète violente dans le Canal de Constantinople, il y fut contraint de se rendre aux Turcs.	Juin 17.
4 Galères.		Détruites à différentes dâtes par les Turcs pendant le Siège d'Oczakow.	Août.10.
L'Alexandre - *	38	Pris par les Suédois.	
Le Constantin - *	38		
La Catherine - *	38		
Le St. Nicolas - *	38		au Combat livré dans la baïe de Swencksund.
1 Hemmena - -*	10		
4 Cutters de - *	10		
4 Galiotes armées *	8		
12 Galères - -			Juillet 9.
Marie - - - -	38	Coulés à fond, brûlés et détruits par les Suédois	
1 Chébeck - -	10		
1 Brigantin - -	12		
4 Galiotes armées	10		
2 Batteries flottantes	10		
2 Cutters Canonnières	12		
3 Galères.			

Commandés par le Prince de Nassau - Siegen.

PERTE DE LA MARINE RUSSE.

Noms des Vaisseaux.	Canons.	Manière et lieu de la perte.	Année et date.
			1791.
Le St. Paul - - - -	36	Périt par la tempête dans la mer noire.	Aout. 16.
2 Galères.		Les batteries turques les détruisirent, lors que l'armée Russe attaqua et prit d'assaut la forteresse d'Ismaïl.	Dec. 11.
			1798.
Le Prince Gustave - - Prise Suédoise.	70	Fit naufrage et coula à fond près du port de Christian-sund en Norwège; l'Equipage sauvé.	Nov. 16.
Le Chrabroï - - - -	40	⎰Périrent par la tempète	
Le Strélaï - - - - -	36	⎱dans la Mer noire.	— 18.
			1799.
Une Frégate - - -	36	Brûlée par trahison des Emissaires françois, dans le port de Constantinople.	Août 13.
Le Dispeach Cutter -	18	Fut jeté sur les Côtes de l'Isle de Rügen dans la Poméranie suédoise, et y périt; l'Equipage fut sauvé.	Oct. 3.

IV.

PERTE DE LA MARINE FRANÇOISE.

Noms des Vaisseaux.		Canons.	Manière et lieu de la perte.	Année et date,
				1793.
Le Léopard - - - -		74	Périt à Cagliari dans l'Isle de Sardaigne.	Fev. 15.
Le Goelan }	*	14		Avril 5.
Le Curieux } Cutters	*	16	LesAnglois les prirent dans	Juin. 6.
Le Vanneau }	*	16	la baïe de Biscaye.	— 19.
La Cléopatre; à présent l'Oiseau	*	36	sur les Côtes d'Espagne -	— 22.
Le Prompt - - -	*	20	dans la Méditerranée -	— 28.
L'Eclair - - - -	*	18	à l'isle de Terre-neuve -	Juil. 15.
Le Lutin - - - -	*	12	à la hauteur de Cherbourg.	— 25.
La Réunion - - -	*	36	}	Oct. 20.
La Blonde - -	*	28	au Cap d'Ouessant.	Nov. 27.
L'Espiègle - -	*	16	}	— 30.

Noms des Vaisseaux.	Canons.	Manière et lieu de la perte.	Année et date.
			1793.
La Convention nationale, à présent La Marie Antoinette *	20	à St. Domingue.	Nov. 30.
La Naïade *	36	aux Antilles.	Déc. 2.
La Modeste *	36		— 7.
L'Impérieuse *	40	près de Gènes.	— 8.
La Minerve, à présent le St. Fiorenzo *	40	à St. Fiorenzo.	
La Fortune	44	Coulée à fond à St. Fiorenzo par les Anglois.	— 10.
Le Scipion	74	Les Anglois les firent sauter en l'air dans la baïe de Lagon, près de Livourne.	
L'Inconstante	36		— 14.
La Carmagnole	36	Echoua à l'Isle de Choisi.	Déc. 6.

Noms des Vaisseaux.	Canons	Manière et lieu de la perte.	Année et date.
			1795.
Le Triomphant - -	84	Brulés et détruits au grand Arsenal de Toulon.	par les Flottes Angloise, Espagnole et Sarde aux ordres de Lord Samuel Hood, Amiral Commandant en Chef.
Le Commerce de Bour- deaux - - -	84		Dec. 18.
Le Lys - - -	74		
Le Du Guai - Trouin -	74		
Le Suffisant - -	74		
Le Dictateur - -	74		
Le Thémistocle - -	74		
L'Iphigénie - -	36		
La Sérieuse - -	36		
L'Auguste - -	24		
Un Vaisseau de Ligne au Chantier.	74	Brulés dans la rade inté- rieure à Toulon.	— 18.
Une Frégate	36		
La Caroline - - -	24		
L'Alerte - - -	18		
Le Mont-réal - - -	32	Brulés dans la rade intérieure de Toul.	— 18.
L'Iris - - -	32		
La Victoire - -	32		
Le Commerce de Marseille*	120	Pris et amenés du port de Toulon	— 18.
Le Pompée - - *	80		
Le Puissant - *	74		
L'Aréthuse . - *	40		
La Topaze - *	38		
La Perle - - *	36		
L'Aurore - - *	32		
La Poulette - *	26		
La Belette - *	24		
Le Prosélyte - *	24		— 18.
La Moselle - *	20		
La Sincère - *	18		
Le Mulette - *	18		
Le Tarleston, prise angl. *	14		3

PERTE DE LA MARINE FRANÇOISE.

Noms des Vaisseaux.	Canons.	Manière et lieu de la perte.	Année et date.
		Les Anglois les prirent	1794.
La Pompeuse - - *	18	près du Cap Claer.	Jan. 14.
La Bienvenue - *	12	à la Martinique	Mars 4.
Le Vengeur - *	16		— 12
La Vipère - *	18	dans la Manche	— 15.
L'Engageante - *	38		— 24.
La Babet - *	20	à l'Isle le Bas	— 27.
La Pomone - *	44		— 27.
La Guadeloupe - *	10	à la Guadeloupe	Mai 4.
L'Athalante, à présent l'Espion - - *	38	à Corck en Irlande	— 7.
Le Castor - - *	32		— 10.
Le Juste *	80	avec la Flotte Commandée par l'Amiral Lord Howe à la bataille près du Cap d'Ouessant.	
Le Sanspareil	80		
L'Amérique, à présent l'Impétueux *	74		
L'Achille *	74		
Le Northumberland, prise angloise *	74		Juin 1.
Le Vengeur *	74		
L'Impétueux *	74		
Le Républicain	20		
L'Inconnu	16		
La Moselle - - *	18	Les Anglois les prirent aux Isles d'Hières.	— 10.
La Liberté - - *	16	à la Jamaïque.	— 12.
L'Actif - - *	16	aux Isles sous le Vent.	— 14.
L'Eulagie - - *	16		— 15.
La Flèche - *	14	à Bastia en Corse.	— 16.

(Les vaisseaux Le Juste, Le Sanspareil, L'Amérique, L'Achille, Le Northumberland, Le Vengeur, L'Impétueux : Pris ; Le Républicain, L'Inconnu : brûlés. Commandés par l'Amiral Villaret-Joyeuse, fait prisonnier dans cette rencontre.)

PERTE DE LA MARINE FRANÇOISE

Noms des Vaisseaux.	Canons.	Manière et lieu de la perte.	Année et date.
			1794.
La Sybille - - *	46	Pris par les Anglois. au port de Mycone en Turquie.	Juin 17.
Le Narcisse - - *	14	sur les Côtes d'Ecosse,	— 18.
La Melpomène - *	44		
La Mignonne - *	32	à Calvi dans l'Isle de Corse.	Août 10.
La Providence - - *	34		
L'Auguste - -	24		
Le Volontaire - -	40	Brûlés près de l'Isle de Corse.	
Le Caire, Canonniére -	6		
L'Alerte - -	18	Echouèrent sur les Côtes près du port de Brest.	— 13.
L'Espion - -	18		— 18.
La Syrène - -	16	Pris par les Anglois à St. Domingue.	— 25.
Le Represal - -	16	aux Isles sous le Vent.	Sept. 6.
Le Quotredi - -	14	à Scigliori.	Oct. 10.
La Révolutionnaire - *	44	près du port de Brest.	— 10.
La Revanche - *	28	dans le détroit de laSonde aux Indes orientales.	— 14.
Le Vengeur -	12		Nov. 8.
Le Révolutionnaire - *	20		— 11.
Le Sansculotte - *	22	aux Antilles.	— 16.
Le Jacobin, à présent La Mathilde *	24		Déc. 14.
La Carmagnole -	10		— 14.
Le Révolutionnaire -	110	périt avec son Equipage à la hauteur du port de Brest	
Le Dumas - *	20	près du port de Brest	
La Pique - *	38	aux Antilles.	— 4.

*

PERTE DE LA MARINE FRANCOISE.

Noms des Vaisseaux.	Canons.	Manière et lieu de la perte.	Année et date.
			1795.
Le Neptune - -	80	Pris par les Anglois, ils périrent dans la baïe d'Andriene par un Ouragan violent.	Jan. 10.
Le Scipion -	80		
Le Superbe -	80		
Le neuf Thermidor -	80		
La Coureuse - *	12	Les Anglois les prirent à l'Isle de Granis, sur les Côtes de l'Amérique au Cap d'Ouessant	Fev. 20
L'Espérance - *	22		— 27.
La Tourterelle - *	30		Mars 12
Le Caire - *	80	dans la Méditerranée, avec l'Escadre de l'Amiral Hotham.	— 14
Le Censeur - *	74		— 27.
Le Téméraire - *	20		— 29.
Le Républicain - *	22		
Le Jean Bart *	18	dans le Canal de la Manche.	Avril 9.
L'Espion - *	18		
La Gloire - *	40		— 13
La Gentille - *	46		
Le Jean Bart, à présent Laurel -	26	à Rochefort	— 15
La Galathée - *	44	périt dans l'Océan.	— 23.
TheSpedy,prise angloise *	14	Les Anglois les prirent dans la Méditerranée, sur les Côtes de France.	May 6.
L'Eclair - *	24		— 13.
Le Crache-feu,Canonnière*	4		
La Prévoyante - *	40	dans la baïe de Chésapaeck en Amérique.	— 17.
La Raison - *	24		
Le Courier national *	18	aux Antilles.	— 20.
La Liberté *	20	périt à Porto-Rico.	— 30.

PERTE DE LA MARINE FRANÇOISE.

Noms des Vaisseaux.	Canons	Manière et lieu de la perte.	Année et date.
			1795.
Le Tigre *	80	Pris au Cap d'Ouessant, par la Flotte de l'Amiral Lord Bridport.	Juin 22.
L'Alexandre *	74		
Le Formidable * à présent le Belle-isle.	74		
L'Alcide	74	Après avoir baissé pavillon, il se rendit à l'Escadre de l'Amiral Hotham dans la Méditerranée, mais sauta en l'air avant que les Anglois eussent pu en prendre possession.	— 23.
L'Echoué	23	Coulé à fond par les Anglois à l'Isle de Rhé.	— 24.
		Les Anglois les prirent	— 24.
La Minerve *	42	dans la Méditerranée	— 24.
Le Requin *	12	dans la Méditerranée	— 25.
La Perdrix *	24	à l'Isle d'Antigoa	— 26.
Le Vésuve, Canonnière *	4	à St. Malo	Juillet 3.
La Victorieuse *	12	au Texel	Août 25.
La Suffisante *	16	au Texel	
La Résolue	10	dans la baie d'Alessio, avec l'Escadre du Commodore Horatio Nelson.	
La République	16		
La Constitution *	24		
La Vigilante *	24		— 26.
L'assemblée nationale	22	Echoua sur les Côtes de Treguier.	Sept. 2.
La Vigilante *	26	dans la baie de St. Brieux. pris par les Anglois.	— 9,
La Superbe *	22	aux Antilles.	— 1.
Le Sans-Culotte	18	Brulés par les Anglois dans la baie de Descades, sur les Côtes de France.	— 22.
La Rude	12		

PERTE DE LA MARINE FRANÇOISE.

Noms des Vaisseaux.	Canons.	Manière et lieu de la perte.	Année et date.
			1795.
L'Eveillé - - *	18	Les Anglois les prirent à Rochefort.	Oct. 22.
Le Pandoure - *	14	dans la mer du Nord.	— 15.
Le Républicain - *	18	à l'Isle de Grenade.	— 15.
Le Brutus - *	10		
Le droit du peuple - *	36	périt à Drontheim en Norvège.	Nov.' 2,
			1796.
La Marsouïn - *	26	pris par les Anglois aux Antilles.	Fev. 10.
L'Etourdi -	16	Brûlé par les Anglois au Cap Frechel.	Mars 10.
La bonne Citoyenne - *	20	Pris par les Anglois près du Cap Finisterre.	— 14.
L'Aspic - - *	10	à Sciglio.	— 18.
L'Etoile - - *	36	au Raz-de-fontenoi à l'entrée du port de Brest.	— 20.
L'Alerte - *	14	aux Antilles.	— 23.
La Némésis - *	28	à Tunis.	— 29.
La Sardine - *	22		
La Favorite - *	22	au Cap Finisterre	— 30.
L'Aurore -	10	en Amérique	— 30.
L'Unité - *	38	sur les Côtes de France.	Avril 3.
La Perçante, à présent La Jamaïque *	26	à Porto-plata au Brésil.	— 4.
Le Robuste, à présent Scourge - *	22	à l'Isle Toussaints.	— 15.
La Virginie - *	44	Les Anglois les prirent au Cap-Lézard avec l'Escadre du Commodore Sir Edouard Pellew.	— 22.
L'Ecureuil - *	18		— 27.
L'Abeille - *	14		May 2.

PERTE DE LA MARINE FRANÇOISE.

Noms des Vaisseaux.	Canons.	Manière et lieu de la perte.	Année et date.
			1796.
		Les Anglois les prirent	
Le Cigne - -	14	à Sciglio.	May 7.
L'Athénione -	14	à la Barbade	— 8.
L'Unité - -	24	dans la Méditerranée.	— 20.
Le Numéro 12 Canonnières	4	à Onéglia.	— 31.
Le Génie	4		
La Tribune - *	44		
Le Thames, prise angloise - *	36	à Waterford en Irlande.	Juin 7.
L'Utile - *	24	à Toulon.	— 10
Les trois Couleurs -	10		
La Blonde - *	16	au Cap d'Ouessant.	— 11.
The Flingfisch, prise angloise - *	28		— 15.
La Proserpine, à présent l'Amélie - *	44	au Cap Claer.	— 16
Le Vulcain - *	12	aux Isles Bermudes.	— 17.
La Légère - *	22	à Sciglio.	— 22.
La Revanche - *	18	au Cap d'Ouessant.	Juillet 11.
Le Terrible - *	14	à Bristol.	— 16.
La Renommée · *	44	à l'Isle de St. Domingue.	— 20.
L'Andromaque -	44	Forcée par les Anglois, d'échouer sur les Côtes de France, près d'Arrachoue; ensuite brûlée par eux.	Août 22.
		Les Anglois les prirent	
L'Elisabeth - *	36	à Waterford en Irlande.	— 28.
L'Elise -	10		Oct. 18.

PERTE DE LA MARINE FRANÇOISE.

Noms des Vaisseaux.	Canons.	Manière et lieu de la perte.	Année et date.
Le Cerf-volant -	18	Captures faites par les Ang. à l'Isle de St. Domingue	1896 Nov. 1.
L' Aetna, à présent Cormoran *	20	Sur les Côtes de France	— 13.
Le Décius - - -	26	Coulés à fond par les An- glois à St. Martin sur les Côtes de France.	— 26.
Le Vaillant, Canonnière	3		
L'Africain - - *	18	Pris par les Anglois à l'Isle de St. Domingue	Dec. 3.
Le Général Laveau -	16		— 10.
Le Séduisant - -	74	Sur les Cotes de l'Isle des Saintes près du port de Brest . .	— 16.
Le Scévola - -	40	Sur les Côtes d'Ir- lande . .	— 30.
L'impatiente - -	44		
La Surveillante - *	44	Capturés par les Anglois dans la baïe de Bounty au nord de l'Irlande .	— 30.
La Justine, flûte - *	44		— 30.
L'Amaranthe - - *	14		— 31.
La Vestale - - *	44	à Cadix.	— 31.
La Mutine - - *	24	Sur les Côtes de l'Ir- lande.	1797 Jan. 5
La Tortuë - - * à présent l'Uranie *	44		— 7.
La Ville d'Orient; flûte	36		— 8.
Le Voltigeur - - *	24	Coulés à fond par les Anglois au Cap d'Oues- sant.	— 8.
Le Suffren - - -	44		
La Ville de Paris, flûte	40	Périt à l'entrée du port de Brest, poursuivie par les Anglois . .	— 9.

PERTE DE LA MARINE FRANÇOISE.

Noms des Vaisseaux.	Canons.	Manière et lieu de la perte.	Année et date.
			1797
L'Athalante - - *	16	Prises Aux Isles de Scilli	Jan. 10.
L'Alègre - -	16	au Cap d'Ouessant à Brest.	— 12,
L'Eclair -	18		— 14.
La Résistance - *		à la râde intérieure de Brest.	
à présent Fishguard	44		
La Constance - *	42		
L'Actif - - -	16	à la hauteur de Brest	Mars 15.
La Surveillante - -	16		
Le droit de l'homme -	74	Coulé à fond près du port Brest.	— 16.
La Modeste - - *	20	Capturés par les Anglois à Vizapatuum, aux Indes orientales.	—17·
La Cynthia - - *	16	Sur les Côtes de France.	— 19.
Le Vautour - - *	16		— 25.
L'Incroyable - *	24		Août. 10.
Le St. Christophe - *	36	Aux Antilles.	— 16.
L'Humione - -	44	Détruites par les Anglois à St. Domingue.	— 17.
La Mutine - - *	14	Capturés par les Anglois. A la St. Cruce au Brésil	May 13.
La Jalouse - - *	18	dans la méditerranée	— 29.
L'Harriot - -	16	à l'Embouchure du Tage.	Juin 12.

The "Prises" group (L'Athalante through Le droit de l'homme) is bracketed with: Par la Flotte Angloise commandée par l'Amiral Lord Bridport.

PERTE DE LA MARINE FRANÇOISE.

Noms des Vaisseaux.	Canons.	Manière et lieu de la perte.	Année et date.
			1797.
La Calliope -	36	détruits et brulés. Escortés par les deux Vaisseaux, sus-mentionnes, ils furent pris sur les Côtes de France par l'Escadre angloise de l'amiral Sir John Borlese Warren.	Juin 17.
Le Freedoom -	18		
1 Vaisseau de transport			
Un Convoi de huit Vaisseaux de transport, chargés de provisions debouche, et de Munitions de Guerre, destinées pour le port de Brest - -			
Le Magnanime - *	44	Capturés par les Anglois au Cap d'Ouessant.	Juill. 20.
La Gaité -	20	aux Isles Bermudes.	Août 10.
Le Coureur -	16	Sauta en l'air à Scagerack dans la Mer du nord, combattant une Pinque angloise.	— 12.
L'Egalité - *	18	Les Anglois les prirent sur les Côtes de France.	— 23.
La Coureuse - *	22	aux Antilles.	Sept. 7.
Lepetit diable -	18	dans la Mer du nord.	— 9.
L'Espoir -	16	dans l'Océan.	Oct. 3.
La Découverte -	18		
Le Rangé, prise angloise, à présent le Venturier -	14	à Ténériffe.	— 14.
La Néréide -	36	aux Isles de Scylly.	Déc. 22.
La Modeste - *	20	Pris par les Anglois sur les Côtes de Coromandel	— 22.
La Daphné - *	20	dans la Mer du nord.	— 28.
Le Triomphant -	14	aux Antilles.	— 31.

PERTE DE LA MARINE FRANÇOISE.

Noms des Vaisseaux.	Canons.	Manière et lieu de la perte.	Année et date.
			1798.
		Pris par les Anglois.	
Le Phönix, Bombarde -	6	du port Arguelle Genvis.	Jan. 3.
La Chérie - - *	26	dans la baïe de Biscaye.	— 5.
Le Scipion -	20	à l'Isle de Guadeloupe.	Fev. 16.
La Sibylle - *	30	de Mycone, port turc.	— 21.
La Souris -	16	à l'Isle St. Marçon.	— 25.
L'Enfant de la patrie -	20	Naufragé sur les Côtes de la Norvège.	— 27.
La Charente -	30	Forçée par les Anglois à se jetter sur les Côtes de France, périt.	Mars 15.
Labonne Citoyenne -	20	Les Anglois les prirent au Cap Finisterre.	— 18.
L'arrogante, Canonnière	6	à St. Malo.	Avril 5.
L'Hercule - *	74	à l'entrée du passage le Raz près du port de Brest, par le Capitaine Hood, qui fût tué dans le Combat.	— 21.
La Sainte famille -	16	dans la Manche,	— 21.
La Gentille -	22	près de Lisbonne.	— 24.
Le quatorze Juillet -	74	Brulé par accident, dans le port de l'Orient.	May 1.
La Constante -	24	détruits et brûlés sur les Côtes de Normandie.	— 7.
Le Vésuve -	16		
		Capturés par les Anglois.	
Le Flibustier, Canonnière	6	à l'Isle de St. Marçan.	— 13.
Le Mondovi -	16	à l'Isle d'Ecrigio.	— 21.
La Mouche - *	18	sur les Côtes de France.	— 27.
Le Volage -	16		

PERTE DE LA MARINE FRANÇOISE.

Noms des Vaisseaux.	Canons.	Manière et lieu de la perte.	Année et date.
			1798.
Le Corcyre - -	16	Capturés par les Anglois aux Isles de Scylly.	Juin 1.
La Sensible - *	36	dans la Méditerranée	— 21.
La Seine - *	42	à l'Isle de Rhé	— 29.
La Vaillante, à présent Danaé - *	20	dans la baïe de Biscaye.	— 31.
L'Orient - monté par l'Amiral Bruys, Commandant-général de la Flotte, le quel y périt.	120	Sautèrent en l'air.	
Le Timoléon -	74		
L'Artémise -	36		à la bataille livrée dans la baïe d'Aboukir en Egypte, par la Flotte angloise commandée par Sir Horatio Nelson, Contre-Amiral, qui pour cette Victoire, fut créé Baron Nelson of Nil Viscount of Mertens.
L'Hercule -	14		
La Sérieuse -	36	Coulée à Fond.	Août. 1,
Le Francklin - * à présent Canope.	80		
Le Tonnant -	80	Les	— 1.
L'Aquilon, à présent l'Aboukir *	74	Anglois	
Le peuple Souverain, à présent le Guerrier *	74		
Le Spartiate - *	74	les	
Le Guerrier - *	74		— 1.
Le Conquérant - *	74		
L'Heureux - *	74	prirent	
Le Mercure - *	74		
La Fortune - *	18		
La Flore - - *	16		
La Torride - *	10		

Noms des Vaisseaux.	Canons.	Manière et lieu de la perte.	Année et date.
			1798.
Le Neptune - *	20	Les Anglois les prirent sur les Côtes d'Irlande,	Août.14.
La Décade - *	36	au Cap Finisterre	— 24.
La Flore - *	36	dans la Manche	Sept. 8.
Le Hoche, - à présent Donnegal *	84	au Cap Donnegal.	Oct. 8.
La Bellone - *	36		— 12.
La Coquille - *	40	à l'Isle Torrys.	— 12.
L'Embuscade - *	40		— 13.
La Résolue - *	40		— 13.
L'Immortalité - *	44	près de Brest	— 18.
La Loire - *	48	au Cap Claer	— 20.
La Fulminante, Cutter -	8	dans la Méditerranée	— 23.
La Foume, Lougger -	8	à Brest	Nov. 17.
L'Hirondelle - *	20	dans l'Océan	— 20.
Le Campo-formio -	30	périt dans la mer adriatique	Déc. 31.
			1799.
L'Insurgente -	44	prise par la Constellation, Frégate américaine; aux Antilles.	Fev. 20.
La Forte - *	50	Les Anglois les prirent dans la baïe du Bengale.	— 28.
La Prudente -	30		— 28.
Le Léandre, prise angloise *	50	Se rendirent à l'Escadre combinée des Russes et des Turcs, lors de la reddition de l'Isle de Corfou.	
La Brune - *	16		Mars 5.
La Prudente - *	30	à l'Isle de Scylly	— 18.
L'Hirondelle, Brigg -	16	à l'Isle le Bas	— 18.
Le Courier, Corvette - *	16	dans la Méditerranée,	— 20.

Note marginale (accolade centrale): par l'Escadre angloise, commandée par Sir John Borlese Warren, en Irlande.

PERTE DE LA MARINE FRANÇOISE.

Noms des Vaisseaux.	Canons.	Manière et lieu de la perte.	Année et date.
			1799.
La Prudente - *	28	Les Anglois les prirent à l'Isle de France	Avril 2.
Le Sans-quartier -	16	à l'Isle de Choisi	— 4.
La Marianne	8	au Cap Carmel,	
La Négresse	6		
La Foudre	6	dans la mer	
La Dangereuse	4		— 6.
La Marie Rose	4	d'Jonie, par	
La Dame de grace	4		
Les deux frères	2	Sir Sidney Smith.	
La Rebecca -	16	au Cap d'Ouessant	— 27.
Le Jason, à présent la Princesse Charlotte - *	40		Juin 13.
Le Courageux - I	32	dans la Méditerranée,	— 18.
La Salamine, Brigg - *	18	avec la Flotte de l'Amiral	— 18.
L'Alerte, à présent Minorque *	14	Lord Keith.	— 18.
L'Alceste - *	36		Juillet 9.
La brule-gueule -	20	dans le détroit de Babel-mandel, elle combattit contre le Trinconomale, Corvette angloise; les deux Vaisseaux sautèrent en l'air.	— 16.
La Vestale - *	36	Les Anglois les prirent à la hauteur de Bourdeaux	Août 20.
Le Houssard, à présent le Surinam *	20	à la prise de Surinam près de Su-rinam, avec l'Es-cadre du Lord Seymour.	— 20.
Le Républicain - *	32		— 26.

Noms des Vaisseaux.	Canons.	Manière et lieu de la perte.	Année et date.
			1799.
Le St. Jacques -	6	Les Anglois les prirent à l'Orient.	Sept. 13.
L'Aréthuse, - - * à présent le Raven.	10	sur les Côtes d'Irlande.	Oct. 10.
Le Bordelais - *	26		— 17.
Le Général la Harpe	70	Se rendirent aux Armées alliées Russe - Antrichienne-turcque, à la reddition de la Forteresse et du port d'Ancone.	
La Général Stengel	64		
Une Galiote	12		
Une Brigg	12		
Une Pinque	6		
3 Canonnières	4		Nov. 11.
L'Egyptienne - *	44	Les Anglois les prirent au Cap Tiberon, dans l'Isle de St. Domingue	
L'Eolan, à présent le Nimrod *	16		— 22.
Le Vengeur -	12		
Le Neptune -	18	dans l'Océan	Déc. 2.
La Surprise -	10		— 9.
La Preneuse - -	44	dans la baie de Bombay Echoua, et coula à fond au port Louis dans l'Isle de France.	— 11.
			1800.
La Brule - gueule -	20	Echoua et coula à fond dans la rade de Brest.	Jan. 7.
La Gallas à présent la Pique - *	42	Les Anglois les prirent près de St. Malo.	Fev. 6.

(Vaisseaux Ex-Vénétiens armés — annotation on the grouped rows Le Général la Harpe through 3 Canonnières.)

PERTE DE LA MARINE FRANÇOISE.

Noms des Vaisseaux.	Canons.	Manière et lieu de la perte.	Année et date.
			1800.
		Les Anglois les prirent	
Le Généreux - *	74		
La Ville de Marseille; flûte	24	dans le Canal de l'Isle de	
un Cutter -	10	Malte, avec l'Escadre du	
et un Convoi de sept		Lord Nelson.	Fev. 6.
Vaisseaux de transport			
chargés.			
La Vedette - *	14	à Black Rocks	— 10
La Ligurienne - *	16	au port de Marseille	Mars 21.
Le Guillaume Tell,			
à présent Malte - *	84	dans la Méditerranée	— 30.
Le Dragon - *	14	dans la Manche	May 3.
Le Croissant - *	16	près du Havre-de-grace	— 10.
La Cruelle -	16	près du port de Toulon	Juin 1.
2 Brigantins - à	10	à Morbihan, avec l'Es-	
2 Chaloupes Canonnières à	2	cadre de Sir Edouard	
2 Canonnières - à	2	Pellew.	— 5.
L'Insolente, -	18	à Quibron, détruits et brû-	
et quelques batimens ar-		lés par l'Escadre de Sir	
més à la légère.		Edouard Pellew.	— 6.
		Les Anglois les prirent,	
Un Brigantin -	12	avec l'Isle de Gorée, sur	
Un Sloop -	12	les Côtes d'Afrique.	— 6.
La Désirée -	40	au port de Dunkerque	— 7.
2 Briggs - à	12		
2 Sloops - à	12	à Peumarcks sur les Cô-	
4 Chasses-marées - à	10	tes d'Irlande.	— 11.
La Nachete, Canonnière	2		
La Diligence -	12	dans les parages de la Ja-	— 13
		maïque.	

Noms des Vaisseaux.	Canons.	Manière et lieu de la perte.	Année et date.
			1800.
La Thérèse -	20	Les Anglois les prirent. Détruits et brulés dans la baie de Bourgneuf, sur les Côtes de France	
Un Lougger -	12		
Un Cutter -	6		
2 Canonnières - à -	2		Juillet 2.
15 Vaisseaux de Transport			
		Les Anglois les prirent	
Le Cerbère, Brigg - *	12	sous les batteries du port Louis à la Hogue	
4 Batimens à armes et armés -			— 29.
La Bombarde - *	14	dans la Méditerranée	Août 23.
La Concorde - *	32	à l'embouchure de la	
La Médée - *	32	rivière de La-plata au Me-	— 23.
La Diane - *	42	xique Fuyant de l'île de	— 24.
La Vengeance - *	52	Malte, au Passage de Mona aux Antilles	— 25.
La Déterminée - *	28	dans la Méditerranée	— 28.
La Capricieuee - *	16	en Corse	Sept. 1.
L'Athénien ⎫	64		
Le Dego * ⎪ Ci-devant	64		
La Carthagi- ⎪ apparte-		à la reddition de la for-	
noise * ⎪ nant à	32	teresse et du port La Va-	
Une Brigg ⎪ l'ordre de	10	lette ect: à l'Ile de	
Un Chebeck ⎪ Malte	10	Malte	
8 Canonnières ⎭	2		— 4.
La Vénus - *	32	près de Lisbonne	Oct. 22.
Le Berceau -	32	Pris par une Frégate américaine, à la Jamaïque et restitué à la paix conclue en 1801.	— 23.

Noms des Vaisseaux.	Canons.	Manière et lieu de la perte.	Année et date.
			1800.
La Modeste - *	28	Les Anglois les prirent. Prise par les Anglois aux Indes orientales.	Oct. 24.
La Belle, Corvette -	12	Echouée à Morbihan, e brulée par les François	Nov. 17.
			1801.
La Dédaigneuse - *	28	Les Anglois les prirent dans l'Océan	Jan. 20.
L'Africaine - *	30	près de Ceuta en Afrique	Fev. 17.
Une Bombarde, expédiée avec des dépèches - *	10	Sortant du port d'Alexandrie.	Mars 13.
L'Indomptable • -	44	à la bataille d'Algésiras tellement maltraité qu'il fut déclaré être hors d'état de pouvoir servir	— 24.
Un Brigantin -	12	pris par la garnison de Porto-ferrajo dans l'Isl d'Elbe	Juillet 7.
La Chevrette -	22	sortant du port de Brest	— 9.
Le St. Antoine, Cadeau fait par le Roi d'Espagne - *	74	allant de la baie de Gibraltar à Cadix, Capturés par l'Escadre de l'Amiral Sir Saumarez	— 18.
L'Invention, elle étoit d'une nouvelle Construction et à quatre mats - *	36	dans le Canal de la Manche	— 16.
La Cérès - *	32	à Porto-Ercole sur les Côtes d'Italie	— 30.
La Chiffonne - *	40	dans la baie de Mahé aux Indes orientales	Août 10.

PERTE DE LA MARINE FRANÇOISE.

Noms des Vaisseaux.	Canons-	Manière et lieu de la perte.	Année et date-
			1801.
		Les Anglois les prirent	
The Curteret, prise angloise - *	13	dans la mer adriatique	Août 13.
Le Succès - *	56	prés de Livorne,	— 29.
La Bravoure -	56	détruite près de Livourne.	— 29.

Le Convoi qu'ils escortoient, fort de 63. Vaisseaux de transport, chargés de provisions de bouche, et de Munitions de guerre, destinées pour l'Isle d'Elbe, fut capturé sain et sauf le même jour par les Anglois.

Noms des Vaisseaux.	Canons-	Manière et lieu de la perte.	Année et date-
			1801.
		Les Anglois les prirent.	
Bulldoy - *	12		Aout 31.
prise angloise		dans le Méditerranée	
L'Egyptienne - *	56	à la reddition de la Ville	
La Régénérée - *	32	et du port d'Alexandrie	Oct. 2.
La Dalmate, Exvénitienne *	26		
La Cause - *	64	Cédées aux Turcs, lors de	
La Justice - *	46	la reddition de la Ville et	
La Vénitienne, Exvénitienne - *	26	du port d'Alexandrie	— 2.
La Morne fortunée, Chaloupe - -	8	près du Havre-de-Grace.	Oct. 6.
			1803.
L'Effronté - -	14	au Cap d'Ouessant.	May 16.
La Sibylle - - *	36	dans l'Océan.	— 25.
La Franchise - *	36		— 31.

Noms des Vaisseaux.	Canons.	Manière et lieu de la perte.	Année et date.
		Les Anglois les prirent	1803
La Commode) Schoo-	14	} dans la Manche.	May 13.
L'Impatiente) ners.	14		Juin 5.
L'Inabordable, Canonnière	4	à St. Malo	— 8.
L'Embuscade - - *	36	dans le détroit de Gibraltar	— 12.
Le Venteux, Brigg - *	10	à l'Isle le Bas	— 27.
La Bacchante. Corvette	18	à Brest	— 28.
Le Bart, Brigg - *	16	à l'Orient	Juill. 6.
La Provi dence)Schoo·	12	à Brest	— 7.
L'Enfant prodigue(ners.	12	à la Martinique	— 9.
L'Action, Brigg - *	16	sur les Côtes de la Sardaig.	— 9.
L'Ardot - - *	36	dans l'Océan	— 15.
La Créole - *	48	dans les parages de l'Is-	— 15.
La Bretagne - - *	74	le de St. Domingue.	Août. 3.
La Modeste) Briggs. *	12	sur les Côtes d'Angleterre	— 4.
L'Arabe) *	8	dans la Méditerranée	— 4.
La Mignonne, Corvette	28	aux Isles par	— 4.
L'Aiguille) Briggs. *	16	sous les (la	— 9.
La Vigilante) *	18	Vent.) Flotte.	— 11
Le Lodi, Corvette *	20	à la rade de) de l'amirale	— 11.
		Léogane) Sir	
La Supérieure) *	14	aux Isles	— 12.
Le poisson volant }Briggs.	14	sou le) John	— 13.
La Ville de Cayes) *	16	Vent.)	— 13.
Le Duquesne - - *	74	à St. Domingue) Duck-	— 18.
La Sagesse - - *	36	à la prise du) worth.	Sept 1.
		Cap François.)	
Le Vautour, Lougger *	16	au Cap Finisterre	— 4.
Le Papillon, corvette *	12	à la prise du môle St. Nico-	
		las à St. Domingue	— 3.
Le Courier de Nantes,			
Schooner - - -	16	à St. Domingue	— 5.

Noms des Vaisseaux.	Canons.	Manière et lieu de la perte.	Année et date.
			1803
La Bayonnaise -	32	Les Anglois a prirent dans la baie de Ferrol, forcée par les Anglois de se jetter sur les Côtes, ensuite brulée par les François.	Sept. 29.
L'Alcyon, Chaloupe *	10	Les Anglois les prirent dans la Méditerranée	Nov. 5.
No. 86. Canon- de la	2	à Calais	— 8,
— 344. nières. Flottille	2	jettée par la tempête à	— 11.
— 15. Louggers de	4	l'Isle d'Hanley à Boulogne	— 22.
— 2. Briggs descen-	6		
—80. Chaloupes te.	4	à la Hogue	— 20.
— 17. Louggers	2		
La Surveillante - *	30	Le Général Rochambeau	
La Vertu - - *	34	forcé d'évacuer l'Isle de	
La Clorinde - - *	26	St. Domingue, en faveur	
Le Cerf - - - *	41	des Nègres révoltés, se	
La Découverte - *	12	rendit à discrétion avec son armée et cette Escadre, à l'Amiral Sir John	
	2		
	2	Duckworth.	Dec. 1.
No. 436.	6	à Calais	1804.
No. 437. De la	1	à Boulogne Les	Jan. 29.
Le Chameau Flotille	2		Fevr. 8.
No. 43. de	2	à la Anglois	— 2.
No. 47. descente.	6	Hogue	— 2.
No. 51.		les	— 2.
L'Espérance.	14	allant d'Ostende	— 3.
	12	à Boulogne. prirent.	
La Renommée - - *		au Sénégal	Mars 2.
Le Renard - - *		dans la Méditerranée.	— 2.

PERTE DE LA MARINE FRANÇOISE.

Noms des Vaisseaux.	Canons	Manière et lieu de la perte.	Année et date.
			1804.
La Perruche No 90. }Canonnières de la Flottille de descente.	2 2	Les Anglois les prirent dans la Manche détruit et brulé sur les Côtes de France par les Anglois	Mars 4. — 7.
La Curieuse, Cutter -	16	Les Anglois le prirent à la Martinique	— 7.
3 Canonnières - de la flottille de descente à - - -	2	Jetées par la tempête à l'Isle d'Alderney en Angleterre, elles périrent avec l'Equipage	May 5.
Le No. 98. Canonnière de la flottille de descente	2	détruite à Ostende par Sir Sidney Smith	— 10
L'Argos, Schooner - *	16	dans le Golfe du Mexique aux Antilles pris par les Anglois.	— 10.
L'Africaine, Corvette *	14		— 10.
La Félicité, Chébec -	10	Coulée à fond par les Anglois à Portoferme en Corse	Juin 15.
5 Briggs 2 Louggers Chaloupes 2 Peniches La Charente Corvette La Joye Brigg }De la Fottille de descente.	6 4 2 4 20 10	Forcés par les Anglois de se jetter sur les Côtes et d'échouer près de Boulogne détruites près de Bourdeaux par les Anglois	Juillet 15 — 21.
La Vénus, Brigg - *	16	prise par les Anglois à l'Isle de Ste. Hélène	Août 24.
Le No. 267. Peniche 3 Louggers }de la flottille de descente.	2 4	détruits par les Anglois près du Cap Cronetz dans la Manche	Oct. 2. — 3.

Noms des Vaisseaux.	Canons.	Manière et lieu de la perte.	Année et date.
Le No. 261. } Canonniè-	2	Les Anglois les prirent à Brest	1804 Nov. 27.
Le No. 369. } res de la	2		
LaRacrocheuse } Flottille	14	dans la Manche	Déc. 22.
Lougger }			1805
2 Briggs } de	5		
6 Louggers } descente.	4	Au Cap d'Ouessant	Fev. 11.
Nro. 193. }	7		
La Ville de Milan *	48	Après avoir pris le 6 May, dans les parages de Terre-neuve au nord de l'Amérique, la Cléopatre, frégate angloise de 32 Canons, elle fut prise avec sa capture par le Léandre. Vaisseau Anglois de 50 Canons, et amenée au port d'Halifax à Terre-neuve.	May 8.
17 Canonnières - à	3	Echonèrent et périrent dans une tempéte violente près de Boulogne	Avril 10.
Le Nro. 443. } Canonnie-	5	prises par les Anglois, et brulées étant hors d'état de pouvoir servir	— 13.
Le Nro. 850. } res.	3		
7 Canonnières - -	3	Les Anglois les prirent allant de Dunkerque à Boulogne avec la frégate la Leda	— 20.
La Vaillante - - -	50	au Cap Claer sans coup férir, avec la frégate la Loire.	

PERTE DE LA MARINE FRANÇOISE.

Noms des Vaisseaux.	Canons.	Manière et lieu de la perte.	Année et date.
			1805.
La Psyché - -	24	Les Anglois les prirent aux Indes orientales avec la Caroline, Frégate	Juin 30.
1 Brigg -	8		
5 batimens armés et chargés de provisions de bouche, et de Munitions de Guerre -		à l'entrée de la rade de Boulogne	Juillet 31.
La Renommée* La Rencontre * } Schooners	10 10	dans la Manche	Août 4.
Le Faune, Corvette -	16	à la Vuë de Rochefort, avec le Goliath, Vaisseau de Ligne	— 10.
La Didon - *	44	à la hauteur de Ferrol avec le Phoenix, Frégate	— 10.
La Torche, Corvette - *	18	dans l'Océan, avec le Goliath, Vaisseau de Ligne	— 25.
La Topaze - *	44	dans l'Océan avec le Raisonnable, Vaisseau de Ligne	— 30.
La Ville de Paris - *	44	aux Antilles, avec le Cerbére, Frégate	— 30.
La Naïade, Corvette - *	16	à l'Isle de Barbade avec le Cerbère, Frégate	Sept. 10.

PERTE DE LA MARINE FRANÇOISE.

Noms des Vaisseaux.	Canons.	Manière et lieu de la perte.	Année et date.
			1805.
Le Bucentaure monté par Mr Villeneuve -	80	Coulé à fond, à Fougeus.	à la sanglante bataille au Cap Trafalgar près de Cadix, par la Flotte angloise commandée par le célèbre Amiral Lord Nelson, qui lors de la Victoire remportée fût blessé d'un Coup de Fusil et en mourut.
L'Indomptable	80	Coulé à fond à Rota	
L'Aigle -		Echoué à Trafalgar	
Le Fougueux	74	Echoué à Trafalgar	Octobre.
Le Berwick, prise angloise	74	Echoué à St. Lucar	
L'Argonaute	74	Se sauva mais échoua à l'entrée du port de Cadix	
L'Intrépide	74	Brulé.	
Le Redoutable	74	Coulé à fond | Sauté en l'air | pendant la bataille	
L'Achille -	80		
Le Plutus -	74	arrivé au port de Cadix, pouvant à peine tenir la Mer dématés, criblés et dans l'état le plus déplorable, abandonnés au gré des Vagues, ils furent retrouvés par des frégates, qui les remorquèrent au port de Cadix.	
L'Algésiras -	74		
Le Héros -	74		
Le Neptune -	74		
Le Swiftsure, prise angloise	74	pris en assés bon état dans le détroit de Gibraltar	Oct. 21,

(Villeneuve, Commandant en Chef la Flotte combinée Françoise-Espagnole, et Cantomir-Commandant les troupes de débarquement, furent faits prisonniers de guerre. Magon Vice-Amiral tué.)

Noms des Vaisseaux.		Canons.	Manière et lieu de la perte.	Année et date.
Le Formidable*	Commandés par Mr. Du-	80	Se sauvant de la bataille, en-	
Le Du Gai-Trouin *	manoir Le	74	gagée au Cap de Trafalgar le 21 Octob. ils rencontrèrent	
Le Montblanc*	Pelley, Vice-	74	à la hauteur de Ferrol l'Es-	
Le Scipion *	Amiral.	74	cadre angloise du Commo-dore Sir Richard Strachan; et forcés de se rendre, ils furent conduits à Plymouth.	
L'Actéon, Brigg - *		16	Les Anglois les prirent Sortant du port de Roche-fort, avec l'Egyptienne, Frégate	1805.
La Libre - *		33	à la hauteur du port de Rochefort, après un Com-bat très opiniatre, qui dura une demi-heure, avec la Loire et l'Egyptienne, Fré-gates	Nov. 4.
La Prudente - *		12	lors de la prise du Cap de Bonne - Espérance	Déc. 24.
L'Athalante - *		24	Echoué sur les Côtes du Cap de Bonne - Espérance	1806. Jan. 9 — 11.
L'Impérial	Commandés par le Con-	120	Naufragés et détruits } au Combat dans la baïe de l'Isle de St. Domingue	
Le Diomède	tre - Amiral	74		
L'Alexandre*	Leissegues,	80	Pris } par l'Escadre an-gloise aux ordres de l'Amiral Sir John Duckworth	
Le Brave *	qui regagna	74		
Le Jupiter *	la terre.	74		
Le Narque, Corvette -		16	Les Anglois le prirent à la sortie du port de l'Orient	Fev. 7.
La Tarrageuse		14	Les Anglois } près du port	Mars 28. — 30.
La Pomone	Corvettes	20	les prirent } de	Avril 2.
La Malicieuse		18	périt } Bourdeaux	— 3.

V.

PERTE DE LA MARINE ESPAGNOLE.

Noms des Vaisseaux.	Canons.	Manière et lieu de la perte.	Année et date.
			1796.
La Princesse · *	16	Les Anglois les prirent près du port de Coruna,	Sept. 16.
El Mahonese · *	34	dans la Méditerranée	Oct. 10.
Le St Pie ·	18		Nov. 2.
El galgo · *	18	à l'Isle de Grenade	— 23.
Il Corso · *	18	dans la Méditerranée	Dec. 8.
La Sabine · *	40		— 10.
La Ste. Marie · *	18	aux Antilles	— 16,
Il San-Salvador Mundi *	112		1797.
Le St. Joseph *	112	à la bataille du Cap St. Vincent, avec la Flotte de l'Amiral Jarvis; créé pour cette Victoire, Lord St. Vincent	
Le St. Nicolas *	84		Fev. 14.
Le St. Isidore *	84		

Commandés par l'amiral Don Josefe de Cordova, qui fût fait prisonnier de guerre.

*

PERTE DE LA MARINE ESPAGNOLE.

Noms des Vaisseaux.	Canons.	Manière et lieu de la perte.	Année et date.
			1796.
Le St. Damasce - *	84	Les Anglois les prirent avec la Flotte de l'Amiral Harvey — à la prise et au Combat de l'Isle de la Sainte Trinité.	Fev. 17.
La Mexicaine - *	74		
Le St. Vincent -	84	Les Espagnols les brûlérent	
Il Gallardo -	74		— 17.
Il Arrogante -	74		
La Ste Cécile -	36		
L'Hélène - *	36	Les Anglois les prirent à l'Isle de Grenade	Mars 10
Elnostra Sennora del Rosario - *	30	près de Cadix	— 15.
La Nymphe - *	30		— 20
Les Magellanos - *	14	sur les Côtes de Portugal	Juin 10.
El Navitas - *	16	dans le détroit de Bahama	— 12
El nostra Sennora del pladed - *	16	dans le détroit de Gibraltar	— 16.
Le St. François - *	16	sur les Côtes d'Irlande	— 21.
Il Balardor - *	16	près de Lisbonne	Fev. 16.
Le St. Antoine - *	16	en Irlande	May 10.
Il Rocoviso - *	16	sur les Côtes d'Espagne	Juin 15.
La Sainte Dorothée - *	42	près de Carthagène	Juillet 10
La Ste. Gertrude - *	30	près d'Alicante	— 17.
La Velosa Arragonesa *	30	aux Antilles	Sept. 16.
Le St. Léon - *	16	à la Vuë de Lisbonne	Nov. 28.
14 Canonnières - à	2		Déc. 15.
			1799.
La Vaillante - *	12	près de Malaga	Jan. 2.
La Ste. Thérèse - *	42	sur les Côtes de la Catalogne	Fev. 6.
L'Afrique - *	12		— 22.

Noms des Vaisseaux.	Canons.	Manière et lieu de la perte.	Année et date.
			1799.
La Guadaloupe - -	40	périt au cap d'Oropesa	Mais 16.
El Golandrina - -	20	pris à la hauteur de Corunna	— 24.
Uréa Cara odore - -	12	détruit aux Antilles. } par les Anglois.	— 26.
Il Vincento - - *	28	dans Méditerranée	— 29.
Le St. Antoine - -	14		Juin 23.
Le Phoenix - -	14	aux Antilles	Juillet 6.
Le St. Dorval - - -	14		— 10.
L'Infante Amalie - -	12	sur les côtes du Portugal	Août 6.
La Thétis - - * Chargée d'un Million et demi de piastres en pièces sonnantes, et d'une riche Cargaison des différentes productions et Marchandises de Mexique.	42	à la hauteur de Ferrol, avec des frégates détachées de la flotte du Lord St. Vincent.	Oct. 16
La Ste Brigide - - * Chargée de 3 Millions de piastres, en numéraire, et d'une cargaison très riche en marchandises venant de Lima	42	à la hauteur de Ferrol.	— 17.
El madre de Todoslos Santos - - - * chargée d'une riche cargaison en argent comptant et en Marchandises de Vera-Crux. - *	42	dans l'Océan.	avec des Frégates détachées de la Flotte du Lord St. Vincent.	— 20.
El Gulgo - - - *	16	16	

Noms des Vaisseaux.	Canons.	Manière et lieu de la perte.	Année et date.
			1799
L'Hermione, prise angloise, à présent the Restitution - - - *	32	Capturés par les Anglois Au mois de Sept. 1797 L'Equipage révolté rendit ce vaisseau aux Espagnols; les Anglois le reprirent par un Coup de main très-hardi dans le port de Cavallos à l'Isle d'Hispaniola.	Oct. 21.
		Les Anglois les prirent	1800
La Florentine - - *	36	à la hauteur	Avril 7.
Il Carmen - - *	36	du port de Cadix	
Il Cortes - - -	14	près de Lisbonne	Juin 22.
Le Gibraltar, prise angloise - - - - *	10	dans le détroit	— 29.
Il Salvador - - -	10	de Gibraltar.	
Del Carmen, felouque -	12	détruit à la Jamaïque	Juillet
Une Canonnière -	2	à la Jamaïque) Pris	— 3
St. Ildephonse, Corvette	18	près du) par les	— 3
L'Union - - - *	22	Texel.) Anglois.	Aoû.1
2 Chébecks à - - -	8	à la rade de Livourne	— 16
5 batimens à rames -			
El Belos - - *	16	dans le détroit de	— 20.
L'Emma, Goelette - *	12	Gibraltar	— 25.
La Conception) ayant à	22	à la rade	
El Paz (bord 4 mil. (de piastres) argent comptant.	22	de Barcelone	Sept. 3.
			1801
Il Gama, Chébeck - - avec un Convoi de neuf Vaisseaux Marchands	16	à la hauteur de Cadix	May 23.

PERTE DE LA MARINE ESPAGNOLE.

Noms des Vaisseaux.	Canons.	Manière et lieu de la perte.	Année et date.
			1801
Il Real Carlos	112	Après le Combat d'Algé-siras, allant à Cadix, ils n'observèrent point les précautions usitées, et par méprise ;se prenant dans l'obscurité pour ennemis, une Canonnade très vive qui eut lieu, fit sauter les deux Vaisseaux en l'air, la nuit du 12 au	
La St. Hermenaïlde	112		Iuin 13.
		Les Anglois les prirent	
Le St. Joseph, Polacre =	14	à Malaga	— 14.
Le Neptune - - -	20	dans le port de	
Une Canonnière - -	2	Corunna	Août.2 0.
Un Vaisseau marchand			
El Salgo - - - *	24	dans la Méditerranée	— 22.
La Peile - - -	24	Coulée à fond sur les Côtes de la Barbade	— 23.
La Thérèse, corvette *	18		— 26.
L'Urquijo, Sloop - *	20	} Aux Antilles,	Dec. 30.
			1804.
La Médée Chargées des	42	à 4 milles du port de Cadix, avec l'Escadre du Capitaine Graham Moore, forte de 4 Fré-gates,	
La Clare trésors, venant	36		
La Fama de Rio de-la pla ta, pour Cadix; sous les ordres de Don Iosefe de Rostemon-	36		
Il Merce-des, tes Contre-amiral.	36	Sauta en l'air pen-dant le Combat	Oct. 5

PERTE DE LA MARINE ESPAGNOLE.

Noms des Vaisseaux.	Canons.	Manière et lieu de la perte.	Année et date.
		Les Anglois les prirent	
L'Amphitrite ⎱ Chargées La fuenta ⎰ d'un Hermosa ⎰ Million	42 36	au Cap Marie ⎱ Par le dans la baïe ⎰ Lonnegal de Lagos ⎰ Vaisseau de Ligne commandé	Nov. 27. Déc. 3.
de piastres argent comptant, et de Marchandises précieuses venant de Lima - - - -		par leCommodore Sir Richard Strachan.	
Notre dame de Buenay ros - - - * Vaisseaux de même qualité, venant de Véra-Crux - - - -	36	à la hauteur de Cadix. Celui-ci eut le malheur dans une nuit très obscure d'être heurté par un autre Vaisseau, et périt en coulant à fond.	— 6.
L'Infante, Corvette - * El Guerra, portant une *	16	Dans l'Océan.	— 7. — 7.
Cargaison estimée à 6 millions de piastres La Gertrude, ayant à Bord un Million et demi de piastres ⎰ Venant de Lima.	36 36	Au Cap St. Vincent.	— 17.

Noms des Vaisseaux.	Canons.	Manière et lieu de la perte.	Année et date.
			1805
Gravina, - * venant de Véra-Crux, chargé de piastres et d'autres Marchandises précieuses	36	dans le détroit de Gibraltar	Fev. 22.
Maria de las Gracias Briggs	10	dans la baïe de Muros	Juin 4.
L' Esperanza - *}	10	au Cap St. Vincent	
Il Glorioso - *	74	à la Vuë du port de Cadix par l'Illustre, Vaisseau de Ligne, et la Licrily Frégate de l'Escadre de l'Amiral Collingwood	— 9.
Le St. Raphaël - *	74	Entre le Cap Finisterre et Ferrol par l'Escadre de l'Amiral Sir Robert Calder	
Il Fermo - *	74		Juillet 27.
Le St. Ildephonse - *	74	amenés à Gibraltar	à la bataille mémorable de Trafalgar, près de Cadix; la Flotte commandéeparle célèbre Amiral anglois Lord Horatio Nelson, Baron of Nil , Viscount of Mertens Duc of Branty.
Le St. jean Népomocène *	74		Oct. 21.
Le Bahama - *	74		
Le St. Trinidad, monté par Don Ignatio d'Alava, Vice-amiral, qui fut blessé et fait prisonnier de Guerre	136	Coûlé à fond	
La Ste. Anne, montée par Don Cesarino Contre-amiral, fait prisonnier de guerre.	100	abandonnée au gré des Flots	Oct. 21.
Il Monarca -	74	Echoua à St. Lucar	
St. François Assise -	74	— à Rota	
Le Neptune -	84	— à Rota	
L'Argonaute -	74	Coûlé à fond	
Le St. Augustin -	74	Brûlé	

7

Noms des Vaisseaux.	Canons.	Manière et lieu de la perte.	Année et date.
Il Rayo *	100	A la sortie de la baïe de Cadix, il se rendit à la Flotte angloise, commandée après la mort de Lord Nelson par Sir Collingwood, Amiral, créé Lord Collingwood.	Oct. 23.
El Golondrine, Lougger	14	dans la baïe de Gibraltar	Oct. 26. 1806.
Don Azares, Schooner	14		
El Ragosa, Corvette -	12	dans la baïe de Campêche	Fev. 10.

VI.

PERTE DE LA MARINE HOLLANDOISE.

Noms des Vaisseaux.	Canons.	Manière et lieu de la perte.	Année et date.
			1795.
		Les Anglois les prirent	
L' Owcryssel - *	64	à Corck en Irlande	Août 16.
De Braack - *	14	à Falmouth	— 17.
L'Alliance - *	36	dans la Mer du nord	— 22.
La Comète, à présent le Penguin - *	18	sur les Côtes d'Irlande	— 28.
Le Wilhemstadt, à présent la princesse *	24	au Cap de Bonne-Espé-	
De Staar - - *	24	rance avec l'Escadre de l'Amiral Elphingston	Oct. 14.
			1796.
La Zéelande - *	64		
Le Thal - *	54	Se trouvant dans les ports	
Le Zéphir, à présent l'Eurus - *	36	d'Angleterre, on les déclara de bonne prise	Mars
Le Jason, à présent le Prosélyte *	32	L'Equipage l'amena à Grenwich	Avril 13.

*

PERTE DE LA MARINE HOLLANDOISE.

Noms des Vaisseaux.	Canons.	Manière et lieu de la perte.	Année et date.
Le Plutus - *	22	Les Anglois les prirent lors de l'occupation de Demerary	1796.
La Thétis - *	14		Avril 16.
Le Harlem - à présent l'Amboine *	10	anx Indes orientales	May 3.
L'Argo, à présent le Janus*	36	au Texel	— 7.
Le Mercure, à présent L'Hermès *	16		— 7.
de Vlugheid - *	10	en Norwège	— 16.
Le Batave *	12	à l'Isle de Barbade	Juillet 6.
Le Dordrecht *	66		
La Révolution *	66		
L'AmiralTromp*	54	à la prise du Cap de Bonne-Espérance, dans la baïe de Saldahana avec l'Escadre de l'Amiral Elphingston	Août 17.
Le Castor *	44		
Le Brave *	40		
La Bellone *	28		
La Syrène *	26		
L'Harwick *	18		
L'Echo -	18	Détruits par les Anglois sur les Côtes de la Frise	1797.
Le Gier -	14		
de Vryheid	74	Les Anglois les prirent à la bataille de Wyck et Egmond, près de Cawmperdown, sur les Côtes de la Hollande, avec la flotte aux ordres de l'Amiral Sir Duncan; qui fut créé Lord Viscount Duncan of Cawmperdown.	
Le Jupiter, à présent Cawinperdown	74.		Oct. 11.
L'Harlem	68		
de Glycheid	68		
L'amiral de Vries	68		
Le Wassenar	64		
L'Hercule, à présent le Delft	56		
L'Alcmar	56	Echoua pendant la bataille et périt	
Monikendam	44		Oct. 11.

Le Batave, Le Dordrecht, La Révolution, L'AmiralTromp, Le Castor, Le Brave, La Bellone, La Syrène, L'Harwick : aux ordres de l'amiral Lucas.

de Vryheid, Le Jupiter (à présent Cawinperdown), L'Harlem, de Glycheid, L'amiral de Vries, Le Wassenar, L'Hercule (à présent le Delft), L'Alcmar, Monikendam : Commandés par les Amiraux de Winter et de Reintjes, qui furent faits prisonniers de guerre.

Noms des Vaisseaux.	Canons.	Manière et lieu de la perte.	Année et date.
			1797.
L'Embuscade - -	52	Les Anglois les prirent à Ternate aux Isles Moluques avec l'Escadrille aux ordres du Capitaine Packenham.	Nov. 9.
de yonge Franck -	10		
Le Limbi -	8		
Le yonge Lauson	10		
Le Ternate -	4		
La Junon -	4		
La Batavie, Brigg -	12	à Gonotele	
Le Caracos -	6		— 29.
Le Walker -	10	à Copang	Déc. 4.
			1798.
Le Courier - *	16	dans la Mer du nord	Avril 26.
de Wachzamkeit - *	26		Oct. 24.
(la Vaillance)			
			1799.
Le Craesh -	12		Août 11.
L'Undaured - *	40	sur les Côtes de la Hollande	— 13.
Le Camphaan - *	16	à Surinam	— 20.
La Vengeance -	16	Sur le point d'être prise, l'Equipage la brûla sur les Côtes de la Hollande	— 21.

Noms des Vaisseaux.		Canons.	Manière et lieu de la perte.	Année et date.
				1799.
Le Verwachten *	aux	66	Baissant pavillon à Niewen Diep au Texel, ils se rendirent sans Coup férir à discrétion à l'Escadre angloise du Capitaine Commodore Wenthorp, détaché de l'Amiral Mitchel.	
Le Bröderrchap*		54		
L'Hector, à présent le Pandoure*		44		
Le Düffzée - *	ordres	44		
L'Alarme *		44		
L'Expédition *		44		
La Constitution*	de	44		
L'Antoinette *		44		
L'Unie *		44		
La Furie *	l'Amiral	36		
L'Helder *		32		
La Minerve, à présent le Breeck*	Story	24		Août 29
La Vénus, à présent l'Amaranthe		24		
Le Washington,* à présent le prince d'Orange	aux	74	Baissant pavillon, ils se rendirent sans Coup férir et à discrétion à la Flotte angloise aux ordres de l'Amiral Mitchel	
La Ville de Leide*				
Le Cerbère *	ordres	64		
L'Amiral Ruyter*		64		
L'Utrecht *		64		
Le Gelderland *	de	64		
Le Texel *		64		
Le Batave *	l'Amiral	54		
Le Beschermer*		50		
L'Amphitrite *		40		Août 30.
L'Embuscade *	Story	44		
La Galathée *		32		
		16		

Noms des Vaisseaux.	Canons.	Manière et lieu de la perte.	Année e date.
			1799.
de Gier -	26	détruits par la dite Flotte	Août 31.
de Valck -	20		
Le Dauphin - *	18	à l'Isle la Vlie par la Flotte de	— 31.
Le Lynx - *	12		
Le Persée - *	8	à Delfzyl l'Amiral Mitchel	Oct. 8.
4 Canonnières - à *	2		
Un Vaisseau de Ligne sans nom, armé en flûte	32	Chargés de provisions de bouche et de Munitions de guerre, Sortis de l'Isle de Gorée, sous le nom et le pavillon parlementaire; au moment qu'ils tâchoient d'entrer au Texel, ils furent pris par Le Vétéran, Vaisseau de Ligne anglois.	1800. May 6.
Une Chaloupe -	10		
Le Jason - *	52	Les Anglois les prirent dématé par la tempéte et obligé de se réfugier sur les Côtes d'Ecosse	— 8.
Le Duc de Brunswick *	50	dans le détroit de la Sonde, aux Indes-orientales	Août 18.
Le Plutus - -	74	périt par la tempête à Vlissingue	Nov. 9.
de Haye, Brigg -	74	Les Anglois les prirent au Cap de Bonne-Espérance	1803. Août 2.
L' Hippomenus, à présent Le Demerari *	18	à la prise de Demerary	Sept. 19.
	18		
Le Serpent, Schooner *	12	à la prise de Berbice	— 24.

PERTE DE LA MARINE HOLLANDOISE.

Noms des Vaisseaux.	Canons.	Manière et lieu de la perte.	Année et date.
La Junon - -	28	Les Anglois les prirent Coula à fond près de l'Isle d'Amboine	1803. Sept. 29.
L'Athalante, Corvette *	18	à l'Isle la Vlie	1804. April 1.
Le Draake, Schooner *	8	Cur aço	— 2.
La Proserpine - *	32		
Le Pylade, Brigg - *	18	à la prise de Surinam, par l'Escadre de Sir Hood	
Le Surinam, Schooner• *	8		
7 Canonnières - à *	2		May 4.
3 transports armés			
L'Amiral de Ruyter -	60	périt par un ouragan à l'Isle d'Antigoa	Sept. 29.
L'Honnéur, Schooner, Chargé de 1000 fusils, de 1000 Uniformes et de Munitions de guerre, déstinés pour l'Isle de La Martinique	12	Les Anglois les prirent Sortant de Delfzyl	1805 Avril 11.
Le Baco - -	68	à la prise du Cap de Bonne-Espérance -	1806. Jan. 11

VII.

PERTE DE LA MARINE BRITANNIQUE.

Noms des Vaisseaux.	Canons.	Manière et lieu de la perte.	Année et date.
			1793.
L'Hygène *	24	Les François le prirent à la Jamaïque	May 13.
Le Pygmée -	14	périt dans la Manche	Déc. 13
Le Vulcain .	24	brulèrent à Toulon, lors de	
La Conflagration -	14	la destruction de la Flotte françoise	— 18.
		Périrent	
L'Amphitrite -	24	dans la Méditerranée	— 20.
L'Advice -	14	dans la baïe d'Honduras.	— 25.
			1794.
La Moselle, prise françoise*	18	Les François le prirent dans les parages de Toulon	Jan. 10.
		Périrent	
The Couvert -	36	à l'Isle de Caymanns	Fev. 8.
Le Spitsite -	18	à St. Domingue	— 13.
L'Ardent - -	64	en Corse	— 17.
Le Castor - *	32	Les François le prirent au Cap Claer	May 9.

8

PERTE DE LA MARINE BRITANNIQUE.

Noms des Vaisseaux.	Canons	Manière et lieu de la perte.	Année et date.
			1794.
L'Alerte - *	18	Les François les prirent sur les Côtes d'Irlande	May 13.
The Spedy, - NB. reprise en 1795.	14	à Nizze	— 13.
L'Espion -	18	périt dans la Méditerranée	Juin 5.
Le Prosélyte, batterie Flottante -	8	— } par les batteries des Côtes de la France	— 17.
La Rose -	28	— } à la Jamaïque	— 17.
Le Scout -	16	Les François les prirent à Nizze	— 21.
Le Ranger -	16	à Brest	— 24.
The Hound -	16	dans l'Océan	— 29.
L'Impétueux -	74	Brulé par accident dans le port de Portsmouth	Août 29.
L'Alexandre -	74	Les François le prirent à Sciglio	Nov. 6.
La Placentia, prise Espagnole -	74	Périrent à Terre-neuve en Amérique	— 13.
L'Actif - -	16	aux Isles Bermudes	— 25.
Le Pylade -	16	à l'Isle de Nest	— 26.
			1795.
Le Berwick - -	74	} Les François les prirent dans la Méditerranée	} Mars 7.
La Daphné -	30		
L'Illustrioux -	74	Périrent par la tempête à Avinza en Italie	— 16.
Le Boyne -	98	Brulé par accident au port de Spithaed	May 1.

PERTE DE LA MARINE BRITANNIQUE.

Noms des Vaisseaux.	Canons.	Manière et lieu de la perte.	Année et date.
			1795
Le Musqrito, Canonnière prise Espagnole - -	4	à l'Isle de Jersy	May 5.
La Némésis - - *	28	Les François les prirent. dans le port de Smyrne avec 3 frégates,	— 9.
NB. reprise - -			
The Flingfish - *	28	aux Antilles	Juillet 1(
NB. Reprise - -			
Le Censeur - - *	74	au Cap St. Vincent	Oct. 7.
prise Françoise - -			
		Périrent.	
L'Améthyste - - -	28	à Alderney	t. 2 9.
Le Diomède - -	44	à Trinconomale	— 2.
La flèche ; prise Françoise	14	dans baïe de St. Fiorenza	— 19.
The Sharck, Canonnière -	6	à la Hogue	Déc. 11.
La Léda - - -	36	à l'Isle de Madère	— 11.
Le Siourge - -	16	sur les Côtes de la Hollande	— 31.
			1796
Le Caire, prise Françoise	80	Brulé par accident dans la baïe de St. Fiorenza	Avril 12.
Le Salisbury - -	50	à l'Isle de Vache	— 13.
L'Arabe - -	18	à Brest	Juin 15.
La Trompeuse - - prise Françoise -	18	à Kinsale	— 10.
L'Active - - -	32	dans la rivière de S. Laurent	— 16.
L'Amphion - -	32	Sauta en l'air à Plymouth	Juillet 8.
Le Bermude - - -	18	dans la baie de la Floride,	Sept. 13.
Le Malabar - -	54	dans l'Océan	Oct. 17.
La Poulette } prises	66	Brulés par les Anglois étant hors d'état de tenir la Mer et de servir	— 20.
La Belette } Françoises.			

*

PERTE DE LA MARINE BRITANNIQUE.

Noms des Vaisseaux.	Canons.	Manière et lieu de la perte.	Année et date.
L'Experiment - - *	10	pris dans la Méditerranée par les Espagnols.	Oct. 23
		Périrent	
Le Vanneau, - - prise françoise	16	à Porte - Ferrajo	Nov. 1.
L'Hélène, prise Espagnole - -	14	sur les Côtes de la Holl.	— 3.
Le Berbic, prise Hollandoise - -	10	à la Dominique, aux Antilles	— 8.
La Réunion, prise Françoise - - -	36	dans la Rivière de Swine.	— 10.
L'Undaured, prise Hollandoise - -	40	aux Antilles	Nov. 13.
Le Courageux, prise Françoise . .	74	dans la baïe de Gibraltar	— 18.
Le Houssard - -	28	à l'Isle le Bas	— 21.
Le Bombay Castle -	74	dans le Tage	— 25.
Le Narcisse - -	20	aux Antilles.	— 29.
			1797.
Le Curlew - -	18	dans la mer du nord	Jan. 6
La Vipère } Prises	18	dans la Rivière de Shanon	— 7
L'Amazone } Françoises.	36	près de Brest	— 10.
L'Hermès - -	16	dans l'Océan.	— 16.
The Bloom } Vaisseaux	14	Les François les prirent à Holyhaed sur les	Fev. 24.
The Brigthon } hopitaux.	16	Côtes d'Angleterre.	
La Princesse Elisabeth *	36	dans l'Océan.	Mars 10.
		Périrent.	
Le Voltigeur, prise Françoise, - - -	24	dans l'Océan	— 16.
L'Albion - -	60	dans la Rivière de Swine	Avril 27.
Le Tartare -	28	à l'Isle de St. Domingue	— 30.

PERTE DE LA MARINE BRITANNIQUE.

Noms des Vaisseaux.	Canons	Manière et lieu de la perte.	Année et date.
			1797.
L'Artois, prise françoise	38	à l'Isle de Rhé.	Juil. 16.
La Mignonne, prise françoise - -	32	Déclarée hors d'état de servir, et brisée au port de Portsmouth.	— 21.
The Betsy - -	12	Pris par les François. -	Août 7
The Fox - -	12	Coulé à fond par les Espagnols à l'Isle de Ténériffe, lors de l'attaque des Anglois.	— 13.
L'Hermione, prise françoise, - * Reprise en 1799 le 21 Octobre.	32	à la hauteur de la Jamaïque, une partie de l'Equipage s'étant révoltée, massacra Mr. Pigot, Capitaine-Commandant; les Officiers et le reste de l'Equipage, fidèles à leur devoir se rendirent aux Espagnols	
Marie-Antoinette, - * prise françoise.	20	L'Equipage révolté massacra les Officiers, et se rendit aux Espagnols	Sept. 28. Oct. 8.
Delft, prise hollandoise	56	amené en très mauvais état de la bataille de Cawmpardown, il coula à fond à l'entrée du port de Yarmouth	— 13.
La Providence -	16	Périrent allant en 1796 à la découverte historique de l'Océan pacifique, y disparut en 1797.	

PERTE DE LA MARINE BRITANNIQUE.

Noms des Vaisseaux.	Canon^s	Manière et lieu de la perte.	Année et date.
			1797.
Le Pandoure -	14	dans la mer du nord	Déc. 16.
La Révolution -	14		— 17.
L'Hunter -	16	à l'Isle d'Islande	— 18.
La Charlotte -	10	à l'Isle de Cuba	— 19.
The Crowler, Canonnière	6	pris par les François à Dungenes	— 23.
			1798.
The Rower -	18	dans la baïe de St. Laurent	Jan. 10.
The Rawen, -	18	dans la Mer du nord	— 12.
L'Hamedryd -	36	dans la baïe d'Alger	Fev. 25.
La Pallas - -	32	dans le port de Plymouth	Avril 4.
Le Lively -	32	près de Cadix pour suivant une Fregate Espagnole	— 16.
Le Braack, prise hollandoise -	14	en Amérique	Juin 16
La Pique, prise françoise	38	à l'Isle de Rhé	— 29.
L'Eagle - -	16	dans la Méditerranée	— 30.
Le Cras -	10	sur les Côtes de la Hollande	Août 12.
Le Léandre -	50	après la bataille d'Aboukir, il fût envoyé en Europe, portant des dépêches et pris par les François dans les parages de l'Isle de Candie Périrent	— 18.
L'Etrusco -	24	Coula à fond aux Antilles	Oct. 15.
Le Jason -	38	à l'Isle de Raz à l'entrée du port de Brest; l'Equipage fait prisonnier de guerre par les François	— 18.

PERTE DE LA MARINE BRITANNIQUE.

Noms des Vaisseaux.	Canons.	Manière et lieu de la perte.	Année et date.
			1798.
Le Garland -	28	au Cap françois à l'Isle de de St. Domingue	Oct.18.
L'Embuscade, prise françoise -	36	pris par la Bajonnaise, frégate françoise, dans la baïe de Biscaye	Nov.13
		Périrent	
L'Eugle - -	38	sur les Côtes de la Barbarie	— 17.
La Magrat -	16	en Irlande	— 19.
La Méduse -	50	dans la baïe de Rosca	— 22.
Le Colosse -	74	aux Isles de Scylly	Déc.10.
La Coquille, prise françoise -	40	brûlé par accident au port de Portsmouth	— 12.
The Kingsfisch -	18	près de Lisbonne	— 13.
Le Petterel, Sloop -	16	Les Espagnols le prirent à l'Isle de Majorque	— 14.
		Périrent	
L'Apoll -	38	au Texel	— 21.
Le Weazle -	12	dans la baïe de Barestque	— 23.
Le Grampus -	54	à Wolwich	— 29.
			1799.
La Proserpine -	20	à l'Isle de Neuenmarc près de Cuxhaven	Fev. 1.
Le Nautulus -	16	à Flamboroughacd	May 4.
Le Brave, prise hollandoise -	12	à Brachyhad	— 5.
La Résistance, prise françoise -	44	aux Indes orientales sauté en l'air par un Coup de foudre	— 14.
Musquito, prise Espagnole*	16	pris à l'Isle de Cuba par les Espagnols	— 18.

PERTE DE LA MARINE BRITANNIQUE.

Noms des Vaisseaux.	Canons.	Manière et lieu de la perte.	Année et date.
			1799.
Les deux amis, prise Françoise -	14	périt à l'Isle de Wight	May 20.
Le William Pitt - *	74	Les Espagnols les prirent	Juin 6.
La Pénélope - *	18	dans la Méditerranée	Juillet 7.
		Périrent	
Le Trinconomale -	16	au détroit de Babelmandel, combattant la brûle-gueule, Corvette françoise, ils sautèrent l'un et l'autre en l'air	— 16.
Le Contest -	12	sur les Côtes de la Hollande	— 19.
The Fox -	18	dans la baïe du Mexique	— 28.
Le Lutin, prise françoise	32	au Texel	Oct. 9.
L'Imprenable -	90	à Chester	— 19.
Le Nassau ⎱ prises	64	au Texel	— 23.
Le Valck ⎰ hollandoises	20	à l'Isle Ameland	Nov. 3.
L'Espion ⎱	38	sur le banc de Goodwin	— 9.
L'Amaranthe ⎰ prises françoises	14	dans la baïe de la Floride	— 16.
Le Sceptre ⎰	64	au Cap de Bonne-Espérance	Déc. 5.
L'Ethalion -	38	à Penmarck	— 25.
			1800.
Le Mastif - -	12	à Yarmouth	Jan. 5.
Le Weymouth -	26	à Lisbonne	— 21.
Le Brazen -	18	à Brigthon	— 26.
La Repulse - -	64	près de Brest	Mars 12.
Le Curterel - -	18	pris par les François dans l'Océan	— 13.
La Danaé, - * ci-devant La Vaillante, prise françoise	20	à la hauteur de Brest, l'Equipage se révolta et se rendit à la Colombe, Corvette françoise, qu'il rencontra en Chemin	— 15.

PERTE DE LA MARINE BRITANNIQUE.

Noms des Vaisseaux.	Canons.	Manière et lieu de la perte.	Année et date.
		Périrent	1800.
La Queen, Charlotte - Vaisseau monté par l'amiral Lord Keith, Commandant en Chef dans la Méditerranée -	110	Brûlée par accident, en sortant de la rade de Livourne; L'Equipage en grande partie sauvé.	Mars 16.
Le Railleur } prise fran-	20	dans la Manche	— 16.
La Trompeuse } çoise	18		— 17.
Le Wasp -	16	brulés par les François à la rade de Dunkerque, y étant venus dans l'intention de détruire des Frégates Françoises, qui s'y trouvoient.	
Le Faucon -	14		
La Cômète -	14		
El Rosario, prise Espagnole	14		Juillet 7.
Le Cormoran -	20	à Rosette en Egypte	— 20.
Le Stog -	36	dans la baïe de Vigos	Août 30.
La Révolution, prise Françoise -	16		
The Hound -	18	en Ecosse	Sept. 10.
Le Coromandel -	24	à l'Isle de St. Trinidad	— 12.
L'Actif, prise Françoise *	16	Les Hollandois les prirent à l'embouchure de l'Ems	— 1
La Rose -	16		
2 Cutters - a	8	à l'Isle de Guernsey	— 14.
Le Marlborough -	74	à Belle-isle	Nov. 49.
L'Harwick -	18	dans la baïe de St. Aubin	— 9.
Le Pélican -	18	à l'Isle de Jersey	— 9.
La Chance -	16	à l'Isle de St. Trinidad	— 9.
Le Dromadaire -	24	aux Antilles	— 13.
La Flore -	14	à Plymouth	— 20.

PERTE DE LA MARINE BRITANNIQUE.

Noms des Vaisseaux.	Canons.	Manière et lieu de la perte.	Année et date.
			1801.
L'Incendiaire, * prise Françoise.	28	pris dans le détroit de Gibraltar par l'Escadre	Jan. 29.
The Sprigthley *	14	françoise de l'Amiral	Fev. 10.
The Succes *	40	Gauthaume	— 3.
L'Invincible	74	par ignorance des Garde-côtes, il toucha à un banc de sable et coula à fond à 14 Milles du port de Yarmouth	Mars 16.
La Forte, prise Françoise	50	périt dans la Mer rouge, lors de l'Expédition de l'Amiral Blouquet vers Suez	May 18.
The Spedy -	14	Les François les prirent dans l'Océan	— 23.
L'Annibal *	74	au Combat d'Algésiras	Juin. 5.
Le Swiftsure, * Repris à la bataille de Trafalgar	74	Les François le prirent dans la Mer Jonienne	— 24.
Le Jason -	36	Périrent à la rade de St. Malo	— 25.
L'Embuscade, prise Hollandoise -	32	Coula à fond dans la Tamise près de Shernes	Juillet 4.
Le Méléagre -	32	dans la baïe du Mexique	— 11.
L'Iphigénie -		brulè par les batteries françoises à Alexandrie	— 14.
Le Lowestof -	30	Coula à fond aux Antilles	— 19.
Le Bulldog -	12	pris pas les François dans la Méditerranée	— 23.

PERTE DE LA MARINE BRITANNIQUE.

Noms des Vaisseaux.	Canons.	Manière et lieu de la perte.	Année de date.
		Périrent	1803.
La Minerve } prises	48	Échoua près de Cherbourg et fut pris par les François	Juillet 7.
La Résistance } Françoises	42	Échoua au Cap de Ste. Marie dans la Méditerranée; l'Equipage sauvé	— 11.
La Seine }	42	Échoua sur un banc de sable au Texel; les Anglois la brulèrent, après avoir sauvé l'Equipage	— 21.
La Calypso - -	14	dans l'Océan	— 22.
The Redbridge - *	12	les François le prirent et l'amenèrent á Toulon	Août 30.
La Circé - • -	32	donna contre un banc de sable, et coula à fond près du port de Yarmouth, l'Equipage sauvé	Nov. 16.
The Shanon - -	40	Sous les batteries françoises de Revilles à la Hogue, touchant au fond et s'ensablant, il fût pris par les François; mais avant qu'ils eussent pu le mettre à Flot, les Croiseurs anglois le brulèrent.	Déc. 7.
The Avangei, Cutter -	14	sur les Côtes de la Frise	— 9.
La Suffisante; prise Françoise - -	12	à Corck en Irlande	— 10.
The Grappler, Brigg	16	à l'Isle de Choisi sur les Côtes de Normandie	— 26.
			— 30.

*

PERTE DE LA MARINE BRITANNIQUE.

Noms des Vaisseaux.	Canons.	Manière et lieu de la perte.	Année et date.
		Périrent	1804
Le Créole, prise Françoise - - -	48	par accident coulant à fond à la Jamaïque; L'Equipage sauvé par le Cumberland Vaisseau de Ligne.	
The Houssard - -	40	à l'Isle des Saintes près de Brest	Jan. 22.
Le Léviathan - - -	12	à l'Isle de Wight	— 17.
The hazard - - -	12	pris par les François à l'Isle de Cuba	
Le Magnificent - -	74	aux pierres noires près de Brest; L'Equipage sauvé par la flotte angloise, qui y étoit stationnée	Mars 25.
L'Hindostan - -	54	allant à Gibraltar, prit feu par accident dans la baïe de Rosés, l'Equipage sauvé par la Junon, Frégate angloise,	Avril 1.
L'Apoll - -	32	par la tempête sur les Côtes de Portugal	— 1
Le Swift, Cutter - *	12	Les François les prirent dans la baïe de Gibraltar	— 10.
Le St. Vincent, prise Espagnole - - -	22	dans la baie de Quibron	— 29.
Le Weazle, - Sloop	14	périt dans la Méditerranée	May 2.
Il Vincenjo, prise Espagn.	12	Les François les prirent sur les Côtes de la Normand.	Juin 5.
Lilli - Chaloupe	16	en Amérique	Juill. 15.
La Constitution, prise Françoise - -	12	Endommagée dans la Canonnade contre la flottille de Boulogne, elle Coula à fond, l'Equipage sauvé	Août 2

PERTE DE LA MARINE BRITANNIQUE.

Noms des Vaisseaux.	Canons.	Manière et lieu de la perte.	Année et date.
		Perirent.	1804
The King George -	16	Poursuivant l'ennemi trop vivement près du Havre de Grace, touchant aux Côtes; l'Equipage se sau va dans des Chaloupes,- après avoir brulé et dé truit le Vaisseau.	
The Rommey -	54	Echoua à Zuiderhaack au Texel; le Capitaine Cof- fit et 314 hommes d'Equi- ge furent faits prisonniers de Guerre. Kikkert, Ami- ral hollandois, les fit transporter en Angleterre, sur parole d'honneur.	Sept. 20.
Le Vénérable - -	74	Par la tempète, sortant de la baïe de Torbay; l'Equipage sauvé par l'Im pétueux, Vaisseau de L i gne anglois.	Nov. 19.
Le Duc de Cumberland	12	à l'Isle d'Antigoa	— 24.
Notre-dame de Buen Ayros, prise Espagnole -	36	dans une nuit très som bre, il heurta contre un au tre Vaisseau, et coula à fond au détroit de Gibraltar	— 29.
La Blonde, prise Fran- çoise - - -	28	dans la baïe d Plymouth	Déc. 7.
The Sewern - -	44	dans la baïe de Gronelli; l'Equipage sauvé par l'Escadre de Jersey,	— 21.
Le Slavling, Brigg -	10	à Calais	— 26.

PERTE DE LA MARINE BRITANNIQUE.

Noms des Vaisseaux.	Canons.	Manière et lieu de la perte.	Année et date.
		Périrent	1804.
La Doris - -	36	Echoua à l'embouchure de la Loire. L'Equipage se sauva, après avoir mis le feu au Vaisseau.	Jan. 17
The Raven - -	28	Echoua au Cap de Ste. Marie en Espagne, l'Equipage prisonnier de guerre.	— 24.
L'Arrow, Chaloupe -	16	Les François les prirent	
L'Acheron, Bombarde -	10	dans la Méditerranée.	Fev. 8.
La Vénus, Chaloupe -	10	Les François les prirent à la hauteur de Toulon	— 18.
La Cléopatre - - Reprise, avec la Ville de Milan par les Anglois	32	avec la Ville de Milan, frégate françoise, à Terre-neuve.	Mars 6
The Bouncer - -	8	Echoua sur un banc de Sable à Dieppe	Avril 13.
La Quen Charlotte -	10	les François la prirent dans l'Océan	— 29.
L'Emma, Goëlette, prise Espagnole -	12	pris par les François en Amérique	
Le Tartare - -	24	périt en Amérique sans notion, ni date	
La Syrène, Corvette -	16	pris à la Martinique par les François et les Espagnols combinés	May 2.
L'Oreste, Chaloupe -	12	Ensablé près de Dunker-que, l'Equipage se sauva et brula le Vaisseau	Juillet 20

PERTE DE LA MARINE BRITANNIQUE.

Noms des Vaisseaux.	Canons.	Manière et lieu de la perte.	Année et date.
Le Thauser } Corvettes	14	Pris par la flottille françoise - batave au Combat du Cap Grinetz près de Calais.	Juin 17.
Le Plumper }	14		
La Blanche prise Françoise - -	36	Après avoir combattu contre 4 frégates françoises, elle fut forcée de se rendre; mais le mauvais état du batiment obligea les François de le brûler	— 19.
Le Ranger, Corvette -	16	par les François au Cap - Finisterre	— 26.
Le Pixmy, Corvette -	14	Périrent. à Guernsey, l'Equipage sauvé	— 27.
Le Sherness -	44	à Trinconomale aux Indes orientales	
La Dove, Corvette -	16	les François la prirent au Cap Finisterre	Août 9.
Le Calcute - - -	50	Escortant la flotte marchande venant de la Chine, combattit seul dans l'Océan contre une partie de l'Escadre Françoise de Rochefort, donna le moyen au Convoi de se sauver à force de Voiles, et fût pris après avoir été très maltraité.	
L'Urqnijo, prise Espagnole	20	en Amérique	Sept. 20. Nov. 7.
Le Biter - - -	12	Echoua à St Valery sur Soumme	— 10.

PERTE DE LA MARINE BRITANNIQUE.

Noms des Vaisseaux.	Canons.	Manière et lieu de la perte.	Année et date.
Le Woodback - -	10	sur les Côtes de Waldam près de Calais	1805 Nov. 13,
L'Helder, flute - - prise hollandoise	32	Portant 600 hommes de la légion allemande, destinès pour le pays d'Hanovre, jetté par la tempête sur les Côtes du Texel, y échoua; l'Embarquement sauvé, mais fait prisonnier de Guerre.	Déc. 6. 1806.
The Stoffard, Brigg, -	12	périt à Tortola	Avril 10.

VIII.

PERTE DE LA MARINE NAPOLITAINE.

Noms des Vaisseaux.	Canons.	Manière et lieu de la perte.	Année et date.
Le Guiscard -	74	La Révolution étant effectuée, les Anglois le brûlèrent à Castelmare	1795. Déc. 28.
Le Parthénope -	74	Le Roi ayant quitté sa Capitale, et s'étant retiré en Sicile, les Anglois et les Portugais les brulèrent dans le port de Naples	
Le St. Joachim -	64		
La Ste. Claire -	36		
Le St. Ferdinand -	30		
La Ste Marie -	18		— 30.
La Cérès -	36	par le traité de paix, elles furent cédées aux François.	1801. May 27.
La Minerve - *	32		
L'Aréthuse - *	30		

IX.

PERTE DE LA MARINE DANOISE.

Noms des Vaisseaux.	Canons.	Manière et lieu de la perte.	Année et date.
			1800.
La Freya	28	Escortant un Convoi de Vaisseaux Marchands; les Anglois les prirent dans la Mer du nord	Oct. 14.
			1801.
Le Prävesten Le Wagrien Le Jutland La Seelande La Charlotte-Amélie L'Infendereten L'Aggerhuus Le Rendsbourg Le Wybourg Le Cronbourg Le Dannebrog	Vieux Vaisseaux de Ligne, sans mats et sans agrès, servant de batteries flottantes.	détruits et brulés par les Anglois, lorsqu'ils attaquèrent et bombardèrent la Ville et le port de Copenhague.	Avril 2.
Le Holstein	64	pris par les Anglois.	— 2.

Résumé général de la p[...]

La Marine de la Suède
— — de la Turquie
— — de la Russie
— — de la France
— — de l'Espagne
— — de la Hollande
— — de la Grande-Bretagne
— — de Naples
— — du Danemarc

Capturés par l'Ennemi.				Naufragés détruits par la tempête et par l'Ennemi; brûlés par accident et par l'ennemi.			
Force des Vaisseaux.							
50 à 30 [Can]ons.	de 24 à 48 Canons.	de 10 à 22 Canons.	de 2 à 8 Canons.	de 50 à 130 Canons.	de 24 à 48 Canons.	de 10 à 22 Canons.	de 2 à 8 Canons.
8	3	37	41	6	2	—	45
1	3	5	31	6	9	3	51
2	6	5	4	1	5	12	6
0	107	159	65	36	71	24	51
3	26	38	25	12	4	12	—
27	28	24	22	2	3	4	—
8	12	29	2	24	51	79	3
—	3	—	—	3	2	1	—
1	1	—	—	11	—	—	—
10	189	297	190	101	147	135	156

786   540

Total 1326.

www.ingramcontent.com/pod-product-compliance
Lightning Source LLC
LaVergne TN
LVHW050101060726
842524LV00003B/851